200만원으로
시작한

별 볼일 있는
성공이야기

**200만원으로 시작한
별 볼일 있는 성공이야기**

발 행 일 2024년 5월 1일 초판 1쇄 발행
지 은 이 김형일
발 행 인 김병석
편 집 노지호
발 행 처 한국표준협회미디어
출판등록 2004년 12월 23일(제2009-26호)
주 소 서울시 강남구 테헤란로 69길 5, 3층(삼성동)
전 화 02-6240-4890
팩 스 02-6240-4949
홈페이지 www.ksam.co.kr

KSAM 출판자문위원회
이석연 법무법인 서울 대표변호사, 헌법학자(前 법제처장)
이유재 서울대학교 경영대학 석좌교수
신완선 성균관대학교 시스템경영공학부 교수
표현명 한국타이어앤테크놀로지 사외이사(前 KT, 롯데렌탈 대표이사 사장)
배경록 前 씨네21 대표
한경준 前 한국경제신문 한경BP 대표이사
강명수 한국표준협회 회장(당연직)

ISBN 979-11-6010-068-6 03320
정가 15,000원

200만원으로
시작한

별 볼일 있는
성공이야기

김형일 지음

KSAM

CONTENTS

프롤로그

· · · · ·

　고교시절, 대학 졸업, 입사, 창업, 결혼, 자녀 출산 무엇 하나 평범하지 않았던 지난 일들을 되돌아보며 한 글자 한 글자 지난 삶을 펜으로 써내려가 본다.

　주워진 가정환경에 따라 사람들은 '금수저', '흙수저' 하면서 부의 척도를 가늠한다. 부모님의 여유로움을 타고나는 것은 본인들에게는 커다란 행복이고 출발의 넉넉함은 부러움의 대상인 것은 부인할 수 없는 사실이다. 그렇다고 흙수저라고 자칭하는 사람들은 자신이 불행의 아이콘이라 단언하는 것 역시 절대 금물임을 명심해야 할 것이다. 출발선이 다르다고 해서 결승점도 다른 것은 절대 아니기 때문이다.

　흙수저는 그래도 수저의 형태라도 있으니 얼마나 행운인가? 그 틀을 기반으로 흙에서 구리, 은, 금으로 바꿔 담으면 얼마나 멋진 인생이 되겠는가? 물론 그에 상응하는, 아니 그 몇 배의 노력과 열정이 요구되겠지만 말이다.

　장학금과 아르바이트로 9년 만에 대학을 졸업하고, L그룹 공채로 입사해 퇴사하기까지 모든 잔업과 휴일근무를 자처해서 받은 급여는 집안 빚을 갚는데 바빴던 시절, 퇴사하면서 손에 쥔 단돈 200만원. 신혼 부부였던 여동생의 반지하방에 염치없이 얹혀살다 시장 귀퉁이에 작은 사무실을 얻어 숙식을 하며 지내온 시간들….

　그러다 반지하 월세방으로 독립해 갔을 때는 그야말로 천하를 얻은 기분이었다. 처음으로 가져보는 오롯이 나만의 공간, 내 인생 처음으로 수세식 화장실과 기름보일러가 있는 집은 그 자체만으로 커다란 행복이었다. 그제야 나는 결혼이란 것을 생각하게 되고, 한 여자와 사랑에 빠져 37살에 아주 늦은 결혼을 했다. 많은 고비와 포기하고 싶었던 순간순간들을 돌이켜 보니 가슴 한 구석이 깊게 시려오고 먹먹함이 물결친다.

　그 흔한 흙수저도 안되어 오로지 나 자신만을 믿고, 미래의 불안과 불확실성을 "할 수 있다"라는 신념 하나로 버텨왔던 나날들.

　내가 가는 길이 맞는 길인지 수없이 자문하고 의심하고 그러다가도 "나는 남들과 달라", "최고가 될거야"라며 스스로에게 최면을 걸며 살아온 나!

내 나이 이순(耳順), 회사 창립 30주년이 되어서야 비로소 돌이켜 볼 수 있는 여유가 생겼다.

사람들은 저마다의 장점과 개성을 갖고 태어난다. 출발선이 다르다고 고민할 필요도 부러워할 필요도 없다. 나만의 것을 가지고 세상을 받아들여야 한다.

나의 절실함은 무엇일까?

나는 무엇을 잘 할 수 있을까?

내가 진정 추구하고 싶은 것은 무엇일까?

남들과 다르게 생각하고 노력하고, 자기 계발에 모든 열정을 쏟는다면 어느새 당신의 수저는 금수저가 아닌 '다이아몬드 수저'가 되어 있을 것이라 확신한다.

가진 게 없다고 미래가 암울하다고 세상을 원망하거나, 열심히 노력해도 안 된다는 패배 의식에 빠져서도 안 된다.

위기를 극복할 수 있는 힘은 오로지 나에게 있음을 명심해야 할 것이다. 위기의식을 느꼈다면 그것은 곧 변화와 혁신을 만들어 갈수 있는 포텐셜 에너지가 내재되어 있다는 것을 반증하는 게 아닌가 싶다.

안되는 이유 역시 절대로 남한테서 찾지 말아야 할 것이다. 나부터 무엇이 문제인지 고민하고 자문하면 그리고 열심히 노력하다 보면 어느새 당신의 삶은 부러움의 대상이 되어 있을 것이다. 고객만족을 넘어 고객감동을 주기위해 당신의 역량을 다 하다보면 말이다.

200만원으로 시작해 독보적인 국내 최고의 기술력과 국내 최대 마켓쉐어로 전 세계 경쟁사들도 인정하는 제품을 개발하며 성장하기까지, 수없는 고비와 위기 그리고 좌절의 순간도 경험했지만, 할 수 있다는 신념 아래 지금의 강소기업을 만들 수 있었다.

누구든 세계 최고의 삶을 영위할 수 있고, 그럴 가치가 있다고 생각한다. 그 누군가가 바로 여러분이길 바란다.

봄은 단지 숨어 있을 뿐이다.

때마침 내 오디오에서는 Nelson freire가 연주하는 Liszt의 피아노 연주 〈consolation〉이 나의 긴 여정을 위로하듯 들려온다. 나는 진한 커피 향기와 음악소리에 취해 다시금 펜을 들어 과거로의 여행을 시작해 본다.

창사 30주년을 맞이하여

2023년 6월

김 정 일

첫 번째 이야기

고교시절

통기타 선율에 젖은 내 청춘

중학교 시절 나는 그저 평범한 학생이었다. 공부도 아주 잘하지는 못했지만 그렇다고 못하지도 않았다. 열심히 하면 전교 540명 중에 상위권 그렇지 않으면 중상위권에 머물렀던 것 같다.

당시에는 고등학교에 입학하려면 지금의 대학입시처럼 시험을 쳐야했다. 내가 입학하려는 ○○고는 당시 원주는 물론 강원도 인근에서도 매우 인기 있는 명문고였다. 경쟁률도 꽤 있었고 어느 중학교에 다니든 성적이 상위권인 학생들만 입학할 수 있었다. 나는 다행히 ○○고에 무난히 합격을 했고 입학까지는 2~3개월 정도 여유가 있었다.

그래서인지 합격자 발표 바로 다음날 아버지가 '통기타'를 하나 사오셨다. "남자는 무조건 악기를 다룰 줄 알아야 한다"면서 주셨던 기억이 난다.

아버지의 통기타 선물은 정말 뜻밖의 선물이었다. 당시 아버지는 현역 군인이셨는데, 매우 엄하지는 않았지만 군인 특유의 카리스마와 풍류를 즐기는 스타일이셨다. 이 풍류 때문에 어머니와 부부싸움이 끊이질 않았었다. 그런 아버지가 나를 위해 통기타를 선물로 사오셨으니 뜻밖의 일이 아닐 수 없었다. 그런데 통기타를 배울 곳이 없었다. 내 기억에 당시 원주에는 기타 학원이 없었던 것 같다. 물론 학원이 있었더라도 아마 수강료를 내면서까지 다니기는 어려웠을 것이다. 통기타를 어떻게 배울까 고민하던 차에, 옆집 친구 형이 기타 코드를 좀 안다고 해서 그 형한테 기타를 배우기 시작했다. 그런데 그렇게 배우게 된 기타가 나중에 사달이 날 줄은 나도, 부모님도 전혀 몰랐다. 또 내가 어떤 사람인지도 그때부터 조금씩 알게 되지 않았나 싶다.

나는 무슨 일을 시작 할 때는 나름대로 원칙을 세우는 편이다. 그 원칙은 어떤 일에 대해 기본적인 바운더리를 정해 놓고 그 속에서 내가 무조건 탑이 되어야 한다는 일종의 '승부욕' 같은 것이다. 돌아보면 이런 승부욕이 항상 나를 자극하고 노력하게 만들었던 것 같다.

나는 기타 연주를 하면 할수록 기타의 매력에 푹 빠졌다.

예전엔 기타 자체에 앰프가 부착되어 있어서 배터리를 넣고 연주를 하게 되면 제법 소리가 짱짱하게 들렸다. 그래서 해변이나 강가처럼 넓게 트인 공간에서도 주위의 관심을 끌곤 했다. 특히 밤에 캠프파이어를 할 때 야전 전축에서 흘러나오는 음악 소리와 내 기타 소리가 어우러질 때에는 그야말로 환락의 밤을 만들곤 했다.

나는 기타를 칠수록 점점 더 기타 연주에 대한 욕심이 생기기 시작했고, 비록 시골이지만 원주에서 최고의 연주가가 되리라고 다짐했다. 물론 공부도 중요했지만, 그때는 죽어라 기타 연습에만 몰두했다. 기타 실력은 날로 늘어갔고 어느 정도 자신감도 붙게 되었다. 그러다보니 자연스럽게 친구들 앞에서 연주도 하게 되고 주위에 소문도 나게 되었다.

당시 이 지역에서는 교회나 불교계에서 고등학생들이 주관하는 문화의 밤이 성대하게 열렸는데, 극장을 통째로 빌려서 개최할 정도로 그 규모가 컸다.

고교 2학년 때 한 번은 ○○사에서 고등부 음악의 밤을 기획 중이었는데, 그 고등부에 회장을 맡고 있는 내 친구가 나에게 "이번 행사에 그룹사운드를 만들어 보면 어떻겠냐?"고 제안을 해왔다. 사실 그룹사운드를 만들려면 기본적으로 전기기타, 앰프, 드럼 등이 있어야 하고, 또 이를 연주할 연주자도 있어야 했다. 이런 준비가 하나도 되어 있지 않았지만, 나는 또 언제 이런 기회가 올까싶어 그 친구의 제안을 덜컥 수락해 버렸다. 때마침 대학가요제 열풍이 일어날 때여서, 그룹사운드에 대한 열망이 한창 불타던 시기이기도 했었다.

난 우선 멤버를 구성해 보기로 했다. 기본적으로 베이스 기타와 드럼 연주자가 필요했다. 지금은 미국에 살고 있는 절친이 베이스를 배워서 합류하기로 했다. 문제는 드럼이었는데 다행히 우리 학교 밴드부에 드럼을 제법 잘 치는 동기가 있다는 소식을 듣고 찾아가 같이 해보기로 약속을 했다.(나중에 이 친구는 대학에서 그룹사운드를 만들어 1982년 강변가요제에서 대상을 받았다. 그때 나는 솔로곡, 중창단곡, 그룹사운드곡 등 작사 작곡을 한참 할 때라, 이 친구하고 멤버들이 곡을 부탁하러 오기도 했었다)

우리는 본격적으로 연습에 들어갔다. 드럼은 송판에 고무판을 입혀서 만들었고, 전기기타는 통기타로 대신했지만, 연습만큼은 정말 진지하게 열심히 했다. 학교가 끝나면 우리 집에 모여서 밤새 연습을 했던 게 기억난다. 그런데 공연 날짜가 다가올수록 악기를 구하지 못해 걱정이 커졌다. 여기저기 수소문을 해봤지만 악기를 빌릴 곳이 마땅치 않았다.

그런 내 모습이 안쓰러웠는지 아버지가 군부대에 상태는 좋지 않지만 전기기타, 앰프, 드럼 세트가 있으니 그걸로 해보면

15

어떻겠냐고 하시는 거였다. 아버지가 나에게 이런 말씀을 하시다니, 그때는 그저 좋아서 생각을 안 해봤는데 나중에 생각해보니 아버지 입장에서 결코 쉽지 않은 결정이었겠단 생각이 들었다.

아버지의 도움으로 그날부터 우리는 학교를 마치면 군부대로 가서 맹연습을 했다. 오랫동안 사용하지 않아서 악기 상태는 거의 고물 수준이었지만 직접 악기를 만져보고 연주해보는 것만으로도 신기하고 행복했다. 기타 앰프의 짱짱한 소리는 비틀즈도 안 부러울 정도였다.

원! 투! 쓰리! 장장장~ 자자자자장~
기타 솔로가 들어가자 이어서 드럼이 쿵쿵닥! 쿵쿵닥!
베이스는 두두두~
기타맨. Django. Help me make it through the night.
나 어떡해. 처음부터 사랑했네, 화~

드디어 공연 날이 되었다. 시골에서 그룹사운드를 보는 것은 쉽지 않기에 정말 많은 관객들이 그 넓은 극장을 꽉 채웠다. 인근 학교의 여고생들도 자리를 꽉 채웠다.

"자 다음 무대는 그룹사운드 Pumpkin을 소개합니다."

우레와 같은 함성과 함께 우린 무대에 올랐다. 그런데 무대 위에서 각자 악기에 위치하고 튜닝을 하는데, 베이스를 맡은 ○○이가 사색이 돼서 내게로 왔다.

"형일아. 베이스 소리가 안 나는데?"

사실 그동안 베이스에 문제가 많았지만 몇 대 때리면 또 소리가 잘 나곤해서 그럭저럭 연습을 해왔는데, 하필이면 오늘 그 수명이 다 됐나보다. 하필 오늘 말이다.

하지만 지금 베이스를 고칠수도 없고 시간이 없었다.

"○○아 그냥 폼만 잡고 연주하는 척 해."

연주가 시작되자 ○○이는 들키지 않으려고 그날따라 유독 몸을 많이 흔들었다. 나와 또 다른 친구는 평소 연습했던 대로 열심히 악기를 연주했다.

다행히 공연은 실수(?) 없이 완벽하게 끝났다. 그때의 감격과 뭉클함은 내 평생 잊을 수 없는 감동 그 자체였다. 눈물이 날 정도로….

우레와 같은 박수가 쏟아진 후, 친구 몇 명이 와서는 연주는 좋았는데 왜 베이스 소리가 안나냐고 의아해 했다.

나는 "어! 기타 소리와 드럼 소리에 묻혀서 그래, 원래 베이스 소리는 잘 안들려"라고 천연덕스럽게 둘러댔다.

그날 이후 우리 그룹사운드는 각종 행사에 초대를 받았다.

아마 학교에서 우리가 이렇게 행사에 불려 다니는 것을 알았다면, 퇴학까지는 아니더라도 정학 정도는 받았을 지도 모른다. 당시에는 까까머리에 엄격한 교복을 입던 시절이라 학생들이 그룹사운드를 조직해서 활동하는 자체가 학교에서는 용납이 안됐다. 그래서 우리는 비밀리에 활동을 이어갔고, 친한 친구들 외에는 우리가 그룹사운드 한다는 것을 철저히 숨겼다. 그렇게 연주 활동을 하다보니 가끔 여학생들이 보내온 팬레터를 학교에서 몰래 읽다 걸려서 당시 '참치'라는 별명을 가진 선생님한테 많이 혼난 기억이 있다.

지금에서야 보면 어디 그게 혼날 일이고 숨길 일인가? 그러나 그땐 불행히도 그랬다.

그 후 우리는 고3때까지 5~6번은 공연을 더 했던 것 같다. 지역 가요제에서는 가요제 밴드까지 의뢰가 들어 왔으니….

우리는 예비고사(대학 입시를 위한 시험. 지금의 수능)를 100일 정도 앞두고 마지막 공연을 ○○극장에서 갖기로 했다. 불을 켜고 공부해도 시원찮을 판에 말이다.

○○극장에서 우리의 마지막 연주를 무사히 마치고 무대에서 내려오는데, 한 중년신사가 나에게 명함을 주면서 연주를 감명 깊게 들었다며 시간될 때 한 번 보고 싶다는 거였다.

우리는 처음에는 의아했지만 혹시 또 좋은 기회가 될 수 있

▲ 고교시절 Group Sound

다는 생각에 그 중년신사를 만나기로 하고 약속을 정했다. 그
리고 며칠 후 약속 장소에 가보니, 그 곳은 이 지역에서 제일
유명한 '두발로'라는 나이트클럽이었다. 알고 보니 그 중년신사
는 나이트클럽 사장이었다.

　당시에는 나이트클럽에서 밴드 연주가 유행하던 시절이었는
데, 얼마 전에 자기네 밴드가 그만둬서 급하게 찾던 중에 그날
우리 연주를 듣고 제안을 했던 것이었다. 그 제안에 우리는 잠
시 고민을 했지만, 학생 신분으로 나이트클럽에서 연주를 한
다는 게 부담스럽기도 하고, 낼모레 예비고사를 앞둔 상황에
서 그래도 대학은 가야하지 않겠냐며 얘기를 나누고, 정중하
게 제안을 거절했다. 아마 그때 제안을 수락하고 나이트클럽

에서 연주를 하다 단속에 걸리기라도 했다면 아마 퇴학까지도 감수해야 했을 것이다.

처음에 우리는 한 번의 공연을 위해 그룹사운드를 결성했지만, 이제는 하루라도 연주를 하지 않으면 손이 근질거릴 정도로 일상이 되어 버렸다. 그러나 고3 공연을 마지막으로 우리는 밴드를 해산했다. 말로는 같은 대학에 가서 다시 밴드를 구성해 대학가요제를 준비하자고 했지만, 서로 다른 대학에 진학하면서 자연스럽게 밴드 얘기도 사라져갔다.

나의 고교시절의 전부였던 친구들. 진짜 우리들은 형제보다도 더 진한 우정을 나눴다. 하지만 평생 함께 할 줄 알았던 우리의 우정은, 훗날 또 다른 친구의 상상하기도 힘든 사기와 배신으로 산산조각이 났다. 그때를 생각하면 그냥 슬프고 힘들다.

대학 입학 후, 나는 레크레이션 MC와 음악다방의 DJ 길을 걷게 된다. 대학가에서는 나름 꽤나 유명세를 탔던 MC였다.

대학시절, 그리고 인연

나의 찬란했던 대학 생활

80년대 대학은 정치적으로 격변기를 맞던 해였다.

대통령 시해와 민주화 운동이 거세게 일어났었던 해이기도 했다.

당시 대학은 서클(동아리)이 학교생활을 좌지우지 할 정도로 중요한 위치에 있었다. 그래서 거의 대부분의 학생들이 서클에 가입해서 대학의 낭만과 즐거움을 찾곤 했다.

나 역시 1학년 때 유네스코(UNESCO), 일명 'Kusa'라는 서클에 가입했다. 유네스코는 알다시피 세계적이면서도 전국적으로 꽤나 유명한 서클이었다. 고등학교 국어 교과서에도 실렸던 '국토순례대행진'을 주관하는 서클이기도 했다. 뿐만 아니라 당시 여러 이유들로 그 조직은 전국 대학교에서 제일 컸고, 많은 신입생들이 가입하고 싶어 하는 서클이었다.

그러다 보니 서클 가입이 쉽지 않았다. 엄격한 규율을 잘 따라야 했고 가입 후에도 정식회원이 되기까지는 많은 노력과 적극적인 행사 참여가 필수였다.

1학년 말에 서클 Kusa의 정기총회가 열렸다. 사실 나는 가입은 했지만 대학 생활에 그다지 만족하지 못하다 보니 서클 활동도 건성으로 했다. 그래도 정기총회인지라 참석을 했다. 이날 정기총회에서는 신입회원들의 활동 상태를 검토한 후에 회원으로 받아들일 지가 통보됐다. 그동안 열심히 참여한 신입생은 정식회원으로 승격되고, 아예 참여를 하지 않은 친구들은 탈락, 그만저만 하면 경고가 통보됐다.

난 예상했던 대로 '경고'를 받았다. 대학 생활에 잘 적응하지 못했던 나로서는 오히려 잘됐다 싶었다. 이 기회에 아예 서클을 탈퇴해야겠다고 마음먹었다.

그렇게 정기총회가 끝나고 막 나오려고 하는데 스피커에서 "1학년 김형일 학생은 잠깐 남아주세요"라고 방송이 나왔다. "잘못 들었나? 날 아는 사람이 없는데?"

잘못 들었거니 하고 다시 가던 길을 가려는데, 또다시 나를 호출하는 방송이 나왔다.

당시에는 신입생에게 3학년 서클 회장은 정말 높은 벽처럼 느껴졌다. 그만큼 어려운 대상이었다. 그런 서클 회장이 경고를 받은 나를 찾을 이유가 없지 않은가. 나는 또 다시 방송을 무시하고 가려는데, 이번에는 소리치듯이 "김형일 학생, 잠깐 남아달라고" 하는 것이 아닌가.

그래서 나는 하는 수 없이 일단 서클 회장이 있는 쪽으로 발걸음을 옮겼다. 가까이 가보니 거기에는 서클 회장과 1년 선배인 회우부장이 함께 있었다.

선배는 나를 보자마자 다음 주말에 1박2일로 'Leadership training'을 가는데 꼭 오라는 것이었다. LT라고 불리는 이 행사는 신입생이 1년 동안 서클 활동을 열심히 하면 직책을 부여받게 되는데, 그 직책을 맡게 될 회원들이 참가하는 일종의 단합대회 같은 거였다.

나는 직책을 맡은 것도 아니고, 다음 주말에 마침 원주에서 친구가 놀러오기로 되어 있어서 참석하기 어렵다고 말씀드렸다. 그랬더니 이유 불문하고 그 친구도 데리고 무조건 오라는 거였다. 나는 하는 수없이 참가하겠다고 말씀을 드렸다.

대학 생활의 전환점이 된 회우부장

그렇게 Kusa의 핵심 회원들과 함께 단합대회를 가게 됐는데, 목적지에 도착하자마자 회우부장이 나에게 기타를 주면서 연주를 하라는 거였다.

당시 Kusa에는 다양한 직책이 있었는데, 그 중에서 회우부장이 가장 인기가 좋았다. 회우부장은 서클 회원들의 친목과 단합을 주도하면서 각종 레크리에이션을 진행하는 직책으로 서클 행사는 물론, 관련 외부 행사에도 자주 초청받아 레크리에이션 MC를 맡았다. 또 회우부장이 되면 선배들이 체계적으로 레크리에이션 진행요령 등을 전수해 주기 때문에 많은 것을 경험할 수 있는 기회도 됐다. 그래서 신입생들에겐 일종의 로망과 같은 직책이었고, 2학년이 되면 회우부장을 하려는 회원들이 많았다. 하지만 하고 싶다고 아무나 할 수 있는 게 아니라, 기타도 잘 쳐야 하고 말도 유머러스하게 잘 해야 하고 단체를 어우를 수 있는 leadership도 겸비해야 했다

아무튼, 회우부장에게 기타를 건네받은 나는 시키는 대로 열심히 연주를 하기 시작했다.

그 자리에는 1학년 초부터 서클 활동을 열심히 한 고등학교 동기 2명 외에는 아는 사람이 전혀 없었다. 그러니 그들도 내가 누군지 많이 궁금했을 것이다. 어쨌든 열심히 기타를 쳤다.

그리고 다음날 생각지도 못한 일이 벌어졌다. 회우부장이 나를 차기 회우부장으로 임명을 한 것이다. 나는 물론이거니와 거기에 있는 회원들 모두가 놀라움을 감추지 못했다.

서클 활동을 열심히 한 것도 아니고, 나를 잘 알지도 못하

면서 뭘 믿고 이 중요한 자리를 나에게 맡기는 것일까? 많은 회원들이 하고 싶어 하는 회우부장을 말이다.

나중에 알고 보니, 차기 회우부장을 뽑아야 하는데 마땅한 인물이 없어서 고민하던 차에, 내 고등학교 동기가 넌지시 회우부장에게 원주에서 온 내가 기타도 잘 치고 입담도 있다고 말을 해줬다고 한다. 그렇게 나는 생각지도 못한 회우부장의 직책을 갖게 됐다.

회우부장이 된 후, 나의 대학 생활은 완전히 바뀌었다. 서클 행사는 물론 교내 축제, 학과별 신입생 환영회, 교내 노래자랑 등에서 사회를 도맡았다. 이것저것 행사가 많다보니 개인적으로 수입도 꽤 괜찮았다. 또한 군 제대 후 집안 사정으로 뒤늦게 복학한 나에게는 쏠쏠한 수입원이 되기도 했다.

그때 가장 기억에 남는 행사는 '1981년 전국 유네스코 축제'이다. 전국의 유네스코 회원들이 행사장인 ○○여대 대강당에 집결했는데, 그 수가 어림잡아 2천 명 이상은 됐던 것 같다. 거기서 각 학교를 대표해 노래자랑을 했는데, 우리 학교는 내 자작곡인 〈내 작은 소망〉을 불렀다. 다소 흥겨운 노래라 축제장 분위기를 한껏 띄었던 기억이 난다. 그리고 짧은 시간이지만 전체 레크리에이션 진행도 맡았는데, 그때의 벅찬 느낌과 분위기가 아직도 아른거린다.

하숙집 친구들

대학 입학 후 고교 동기 3명과 하숙을 한 적이 있다. 1학년 1학기를 마치고 방학이 돼서 원주로 다 내려갔다가 개학이 되어 하숙집으로 돌아오니, 하숙집 아줌마가 방학기간 동안의 방값을 내라는 거였다. 원래 하숙집은 방학 중엔 방을 비워 놓기에 방값은 지불하지 않는 게 일반적이다. 그러나 이 하숙집은 방학 중에도 방값을 지불하게 되어 있었다. 그래서 우리는 회의를 해서 방값을 절대 낼 수 없다고 결론을 내리고, 만약 받아주지 않으면 다른 곳으로 이사 가기로 합의를 하고, 내가 대표로 하숙집 아주머니에게 말씀드리기로 했다.

나는 곧장 하숙집 아주머니에게 달려가 "방값을 낼 수 없다. 이게 받아들여지지 않으면 우리는 당장 여기서 나가겠다"고 말씀드렸다. 그러자 아주머니는 "절대 그럴 수 없다"고 강경하셨다. 결국 합의를 못 본 나는 "그럼 이사를 가겠다"고 하고, 방으로 돌아와 부랴부랴 이삿짐을 싸기 시작했다.

그런데 친구 2명은 이삿짐은 안 싸고 나만 멀뚱멀뚱 쳐다보고 있는 거였다.

"뭐해? 짐 안 싸고."

그러자 친구 한 명이 "형일아 미안한데 우리는 남기로 했어" 그러는 게 아닌가?

"그러면 방값 줄 거야? 이사 가기로 합의 봤잖아?"

이 친구들은 내가 항의하는 동안 그냥 남기로 합의를 봤다는 거였다. 정말 황당하고 어이가 없었다. 난 그러던지 말든지 그냥 짐을 싸서 나와 버렸다.

그런데 막상 나오니 갈 곳이 없었다. 어디로 가야할까 고민을 하다, 나는 같은 과는 아니었지만 친하게 지내던 ○○고 출신의 친구에게 전화를 했다. 친구는 흔쾌히 자기 집으로 오라고 했고, 그렇게 나는 그 친구 집으로 들어가게 됐다. 그 친구는 고교 동창하고 같이 자취를 하고 있었는데, 내가 들어가서 3명이 자취를 하게 됐다. 그런데 이건 잠시 뿐이었다. 친구들이 하나둘 모이더니 어느새 5명이 한 방에서 살게 되었다. 나중에 알고 보니 여기는 ○○고 친구들의 방앗간이나 다름없는 곳이었다. 이놈, 저놈 모두 몰려와서 밤새 술 먹고, 떠들고, 밥 먹고 그러다 자고 가는 아지트였다. 처음에는 이런 환경이 상당히 어색했지만, 나도 시간이 지날수록 서서히 적응되어 갔다. 물론 내 상황이 이런 환경을 따질 때는 아니었다. 무조건 적응을 해야 했다. 그렇게 나는 군 입대를 앞두고 휴학을 하기까지 그 집에서 많은 친구들과 살을 비비고 살았다.

우리 자취방 옆에는 전세방이 하나 있었는데, 거기에는 젊은 부부가 살았다. 서로 오고가며 인사를 나누다보니 자연스럽게 그 전세방 아저씨와 친하게 되었다. 가끔 툇마루에 걸쳐 앉아 소주도 한잔하는 사이가 되었다.

그때 그 아저씨는 시내에서 당시 대학생들에게 대유행이었던 '학사주점'을 운영하고 있었다. 주로 막걸리, 파전, 도토리묵 등이 주 메뉴였고, 돈 없는 학생들이 저렴하게 술 한 잔 할 수 있는 그런 곳이었다. 또 학사주점 내에 DJ박스가 생겨 음악도 즐기는 공간으로 변해가던 참이라, 그동안 음악 감상실에서 일하던 DJ들이 학사주점으로 많이 이동하던 때였다. 그런데 그 아저씨가 운영하는 학사주점에 DJ를 구하지 못해 애를 먹고 있다는 거였다. 그래서 나는 당장 그곳에 취직을 했고, 휴학할 때까지 용돈을 벌면서 학교를 다닐 수 있었다.

다시 만난 친구들

그때 휴학을 하면서 같이 자취했던 친구들과 헤어지게 됐다. 그 이후로 한두 번 연락이 닿았지만 서로 사는 지역이 다르다 보니, 자연스럽게 연락이 끊겨서 잊고 살았다.

그러다 40여 년이 지나 우연하게 연락이 되어 가슴 찡한 만남이 이뤄졌다. 그 친구들은 당시 오도갈 곳 없는 나를 흔쾌히 받아 준 친구들이었다.

한 친구는 충북 제천에서 고생 끝에 가장 큰 목장을 운영하면서 7남매의 아빠가 되어 있었고, 또 한 친구는 금융업 계통에서 정년퇴임을 하고 이사장 출마를 준비하고 있었다. 또 다른 친구는 정년퇴임 후 다시 재취업해 열심히 살고 있었다.

우리들 모두 머리카락은 하얗게 쇠었지만, 내 눈에는 대학교 1학년 때 만났던 그 모습 그대로였다.

"야! 니들 하나도 안 변했네?" "하하! 그건 너도 그래."

그날 우리는 시간 가는 줄 모르고 〈나 어떡해〉 〈구름과 나〉 〈화〉 〈연〉 등 그때 그 시절의 노래를 들으면서 밤새 소주잔을 기울였다.

화려했던 DJ 시절

나는 2학년을 마치고 휴학을 했다. 그리고 그때부터 본격적으로 DJ 생활을 시작했다. 당시 강원도에는 도시별로 유명한 음악다방이 있었는데, 원주에서는 'H음악다방'이 최고로 유명했다. 여기서 DJ로 일하기 위해서는 엄격한 테스트를 통과해야 했다. 실제 여기서 DJ를 하면 그 지역에서 최고로 인정받는 것과 다름없어서 DJ를 꿈꾸는 많은 이들이 들어가고 싶어 하는 꿈의 직장이었다.

나는 H음악다방의 '메인 DJ'를 목표로 세우고, 테스트를 거쳐 일단 신입 DJ로 들어갔다. 물론 다른 곳에서 DJ 생활을 어느 정도 한 터라 나름 무게감이 있었다. 나는 거의 모든 시간을 방송이나 음악 소개하는 방법, 팝송에 대한 지식, 일반상식 등 DJ에 대한 공부를 하는데 보냈다. TV에 나오는 장발의 DJ가 도끼 빗을 뒷주머니에 넣고 느끼하게 진행하는 그런 DJ들 하고는 본질적으로 달랐다. 당시 라디오 방송 DJ로 인기를 구가했던 이종환, 황인용, 김광환 등과 같이 정통 음악을 진행하는 DJ였다. 그래서 팝에 대한 공부도 정말 많이 해야 했다.

그렇게 팝에 대해 열심히 공부를 하다 보니, 한때 나는 팝에 대해서는 국내에서 최고라고 자부할 만큼 그 생활에 만족하면서 음악생활에 푹 빠져 들게 됐다. 그래서인지 나는 결국 H음악다방의 메인 자리까지 꿰차게 되었다.

참고로 음악다방의 진행 시간을 보면 DJ의 위치를 알 수 있는데, 골든 타임시간이 낮에는 12~2시, 저녁은 6~8시이다. 이 시간을 진행하는 DJ가 바로 메인 DJ다.

사실 DJ라는 직업이 급여가 그렇게 높은 직업은 아니었다. 물론 학생 입장에서는 일반 아르바이트보다는 고수익이었지만, 하루에 음악 진행을 많이 해봐야 4시간이 최대이다 보니, 전체 급여로 따지면 그리 높지 않은 수준이었다. 그래도 DJ를 하고 싶어 하는 사람들이 많았던 이유는 내 생각에는 돈보다도 일종의 연예인 같은 인기 때문이 아니었을까 생각된다.

안녕하십니까?

6시부터 8시까지 〈음악의 메세지〉를 진행할 DJ 김형일입니다.

(당시 나는 시그널 뮤직으로 퓨전 형태로 편곡된 차이코프스키의 피아노 협주곡 1번을 선곡하고 인사 멘트를 했었다)

가을의 스산함이 어느새 우리의 옷깃을 여미게 하는 것 같습니다. 가을이 되면 윤동주 시인의 〈별 헤는 밤〉이 생각나, 나도 모르게 속으로 자주 흥얼거리곤 합니다.

계절이 지나가는 하늘에는 가을로 가득 차 있습니다.

별 하나에 추억과

별 하나에 사랑과

별 하나에 쓸쓸함과

별 하나에 동경과

별 하나에 시와

별 하나에 어머니 어머니…

(누구나 다 좋아하듯이 나 역시 윤동주의 시를 너무 좋아해서 가끔가다 60년대 흑인 Sexophone 연주가인 Sil Austin의 Danny boy 연주를 틀어 놓고는 〈별 헤는 밤〉을 자주 낭송하곤 했었다)

가을이 오면 듣고 싶은 Rossigton Collins Band의 곡을 첫 곡으로 선곡해 봤습니다. 불후의 명곡 Simple man, The free bird 등을 발표했던 Southern Rock의 대표 주자인 비운의 그룹 Lynard Skynard. 멤버들이 투어 중에 비행기 사고로 보컬 로니 반제트 등 일행을 잃고, 나머지 멤버들로 새롭게 결성된 그룹이죠! 존 레논의 죽음을 추모하기 위해 만든 곡입니다. 81년에 발표된 데뷔 앨범 This is the way 중에 수록된 〈Tashauna〉를 들려 드리겠습니다.

(나는 이들의 데뷔 앨범 중에서 바로 이곡을 듣고 그만 반해서. 곡 중에 나오는 피아노 연주를 할 수 있는 여성이 있다면 꼭 결혼을 할 것이라 생각했었다)

이어지는 곡은 그룹 Eagles가 전합니다.

〈The last resort〉

(혹시 들어보지 못한 분은 꼭 찾아 감상해 보길 바란다)

당시에는 인터넷 매체 같은 것이 없어서 젊은 여성들이 쉽게 접할 수 있는 음악다방 DJ에 열광하던 시절이었다. 그래서 자신이 좋아하는 DJ 시간이 되면 문밖에 기다렸다가 쏜살같이 다방으로 들어와 맨 앞자리에 앉으려고 다투기도 했다. 또

길거리에서 DJ들이 어떤 여성과 함께 있기라도 하는 날이면 다방에 찾아와 메시지로 항의하는 일이 다반사였다.

한 번은 내가 음악을 진행하는데, Request 용지에 내가 어제 어디서 무엇을 했는지 시간대별로 적혀 있는 것이었다. 그걸 보는 순간 정말 아찔했는데, 그게 요즘 말하는 스토커라는 것을 이제야 알게 됐다. 그러나 좋은 일도 많이 있었다. 팬들로부터 선물도 많이 받았고, 방송국에 팝 칼럼리스트로 출연하기도 했다. 그렇게 나의 20대 초중반은 음악에 묻혀서 인기를 구가하며 인생의 멋진 한 페이지를 장식하며 보냈다.

우리는 인생을 살면서 많은 사람들과 연을 맺는다. 그 인연이 때로는 우리 인생의 터닝 포인트가 되기도 한다. 그러한 인연들을 소중하게 여기고 믿음을 주면서 살다 보면 뜻하지 않은 곳에서 나에게 행운으로, 인생의 커다란 전환점으로 다가오게 된다. 정말로 예기치 못했던 순간에 구세주처럼 또는 인생의 길잡이처럼 나타난다는 것이다. 그러기 위해서는 작은 인연이라도 소중히 여기고 존중하며 서로 신뢰에 금이 가지 않도록 평상시 노력하는 자세가 절대적으로 요구된다. 인간관계에서는 물론 사회생활, 조직문화에서 늘 믿음을 주는 사람이 되도록 노력해야 할 것이다.

그런 믿음을 주지 못하고 내가 필요할 때만 노력하는 사람

◀ DJ 시절

▲ 레크레이션 MC

▲ 대학축제 MC

은 절대 성공할 수 없음을 주지하길 바란다. 인생의 변곡점은 언제, 어디서, 누가, 어떻게 나타날지 그 누구도 모르기 때문이다. 타인과의 만남에서 제발 잔머리, 잔꾀를 부리지 마라.

본인만 모르고 주위는 다 안다. 그런 잔머리, 잔꾀, 이기적인 발상이 순간의 도움은 될지 모르겠지만, 긴 호흡으로는 절대 갈 수 없음을 잊어서는 안 된다.

어떻게 보면 사소한 일이겠지만 내가 대학시절 서클에서 회우부장을 우연히 맡게 된 것 역시 사람과의 만남에서 믿음과 신뢰가 있었기에 가능하지 않았나 싶다.

군 복무 후 복학, 그리고 졸업

어려운 가정형편으로
9년 만에 졸업한 대학

군 복무

　나는 1983년 논산훈련소로 입대했다. 당시에는 훈련소에 입소하기 전에 주특기를 배정했는데, 1차로 지원한 문선대(문화선전대)는 떨어지고, 필기시험을 거쳐 '화학병'을 주특기로 배정받고 훈련소로 향했다.

　4주 간의 훈련을 마치고 광주에 있는 화학학교로 가기 위해 대기하고 있었다. 잠시 후 낡은 버스 한 대가 우리를 태우러 왔는데, 운전기사가 음악을 좋아했던지 새벽부터 군인과는 전혀 어울리지 않을 것 같은 Patrick hernandez의 〈Born to be alive〉를 크게 틀어 놓고 우리를 맞이했다. 나는 그때 그 곡을 들었을 때의 느낌이 지금도 생생하다. 내가 입대 전에 DJ를 하면서 자주 선곡했던 곡이라 정말 감회가 새로웠다.

화학학교에서는 5주간 교육을 했다. 교육 과목은 화학전, 생물학전, 방사능전, 화염방사기 등을 배웠다. 최루탄은 교육 목적으로 거의 매일 같이 마시고, 신경작용제 같은 것도 희석된 농도로 직접 체험을 하기도 했다. 또 고지 점령에 필요한 화염방사기의 연료도 직접 제조하여 20kg 이상 되는 화염방사기를 짊어 메고 산 정상까지 올라가 사격 연습을 했다.

그렇게 고된 훈련을 하면서 2~3일에 한 번씩 시험을 보고 개인평가를 했는데, 여기서 1등을 하게 되면 화학학교 조교로 임명이 되기에 나는 열심히 훈련받고 공부를 했다. 5주간의 교육을 마치고 퇴소를 앞둔 전날 밤, 조교가 내무반을 찾아 왔다. 그동안 수고했다는 말과 함께 우리 기수에서 내가 1등을 해서 화학학교 조교로 남을 것이라며, 공식적으로는 내일 광주역에서 발표를 할 것이니 그렇게 알고 있으라고 했다. 나는 뜻한 바가 이뤄져서 기분이 날아갈듯 했다.

그리고 다음날, 우리는 군장을 꾸려 광주역에 집합했다. 한 명씩 자대 배치를 호명 받는데, 화학학교 조교에 내가 아닌 다른 동기가 호명되는 것이었다. 조교에게 어떻게 된 것이냐고 물어보니 하는 말이 그 동기 아버지가 군에서 높으신 분이라는 것이다. 그리고 나는 그 동기가 원래 배치 받은 자대로 가게 됐다는 것이다. 그 동기는 화학학교에서 성적이 거의 낙제점 수준이라, 일반적으로 화학학교 출신들은 연대급 이하로 배치되지 않는데 교육사단 중대까지 내려가서 배치를 받았고, 결국 내가 그 동기를 대신해 그곳에 가게 된 것이다.

자대에 가서도 바로 유격장으로 끌려가는 군번이 되어 제대할 때까지 유격을 3번이나 받는 꼬인 군번이 됐다. 100km 행군도 한 달에 2~3번은 기본이고 천리행군까지, 정말 나의 군생활은 꼬일 때로 꼬였다. 그나마 다행인 것은 '화학'만큼은 사단에서 최고로 평가받아 포상휴가도 나오고, 사단 전체 화학병을 교육하고 각종 테스트를 직접 할 정도로 인정을 받았다. 그렇게 나는 1985년, 26개월 15일의 파란만장한 군 생활을 마치고 제대했다.

어려운 집안 사정과 방황

제대 후 복학 전까지 반년 정도의 시간이 남았기에 나는 늘 갈망했던 DJ로 다시 복귀를 했다. 또 친구 매형이 카페를 오픈해서 거기서 주방일도 했다. 내 계획은 복학하기까지 DJ와 주방일로 돈을 모아 등록금에 보탤 생각이었다.

사실 집안 사정상 내가 돈을 벌지 않으면 안되는 상황이었다. 한때 우리 집도 아버지가 25년의 군 생활을 마치고 군납 사업을 해오면서 안정적일 때가 있었다. 그러다 자세히는 모르겠지만 동업자에게 사기를 맞고, 군부대로 일종의 모함이 접수되면서 졸지에 군납 사업을 접게 되자 집안 사정이 더욱 어려워지기 시작했다. 생계를 위해 아버지는 고물상, 복덕방을 하시고, 어머니는 미장원을 차려서 했었는데, 이것도 잘 되지 않아 결국 고민 끝에 집 1층 상가에 '돌핀스'라는 칼국수 식당을 열었다. 상가가 10평이라 주방 만들고 공유 면적을 빼다보니 테이블이 몇 개 되지 않은 작은 규모의 식당이었지만 어머니의 음식 솜씨와 장사 수완으로 나름 장사가 잘 됐다. 그러다 칼국수만 팔아서는 수익이 크지 않으셨던지 추가로 삼겹살을 팔기 시작하셨고, 자리가 만석이 되면 2층 안방에까지 손님을 모시고 삼겹살과 술을 팔았다.

그러다보니 아버지와 우리는 장사 시간에는 갈 곳이 없어서 배달을 하거나 밖에서 서성거려야 했다. 특히 아버지는 안방에 손님 들이는 것을 이해하지 못하셨고, 당신이 백수라는 것에 무척 자존심이 상하셨는지 어머니가 단골손님들에게 소주라도 한잔 받기라도 하면 아버지는 손님들에게 시비를 걸고 화를 내었다. 결국 칼국수 식당도 오래가지 못하고 문을 닫아야 했다. 그러다보니 집안 형편은 좀처럼 나아지질 않았다.

당시 여동생도 대학생이었고 막내도 갓 대학에 입학한 시점이라 나까지 복학하기는 너무 무리였다. 그래서 우리는 일단 여동생을 먼저 졸업시키고, 막내 동생은 1학년 마치고 군대에 가는 것으로 합의를 했다. 여동생이 피아노 전공이라 먼저 졸업한 후에 피아노 교습소를 차려서 집안 살림을 돕기로 하고, 나는 고민 끝에 복학을 포기하고 돈을 벌기로 결심했다.

나는 바로 일거리를 찾아 나섰다. 이것저것 돈 되는 일은 닥치는 대로 했다. 그러나 집안 형편은 그다지 좋아지질 않았다. 동생들 교육비를 대기도 만만치 않다보니, 내가 번 돈은 대부분 교육비로 들어갔다.

그러던 중 아버지가 다시 군납 사업권을 받아 오셨다. 그런데 군납이 예전처럼 수익이 나질 않았던 것 같았다. 새벽부터 일어나 트럭에 우유, 소시지를 필요한 수량만큼 차에 싣고 PX에 납품하고, 진열하고, 또 유효기간이 지난 제품은 다시 회수를 하다 보니 반품량도 엄청났고, 단가 등은 너무 낮아져서 거의 인건비 정도 건질 정도였다. 유효기간이 지나 회수된 것은 10% 미만 정도만 본사에서 보상이 된 것으로 알고 있다. 그래서 어쩔 수 없이 우리 식구는 유효기간이 지난 제품을 버리기 아까워서 거의 모두 집에서 먹을 수밖에 없었다. 다행이도 그거 먹고 크게 탈이 나본 적은 없던 것 같다.

당시 PX는 방위병들(지금은 공익이라 불림)이 관리하고 있었는데, 방위병이 제품 진열하는 방식에 따라 매출 차이가 많이 발

생하다 보니, 25년 군생활을 하신 아버님이 방위병한테 쩔쩔
매는 모습이 내 마음을 너무 아프게 했다.

새벽에 우유를 싣고 골짜기 군부대들을 다니다 점심시간이
되면 아버지와 나는 점심값을 아끼려고 어머니가 싸준 도시락
을 시골 한적한 길에서 먹곤 했다. 제일 많이 가서 먹던 장소
가 원주에서 양평 넘어가는 길에 산을 하나 넘는데 그 경계선
정상 즈음에서 항상 아버지랑 도시락을 먹곤 했다. 그런데 그
정상 바로 아래가 용문 정도 됐는데, 거기에 커다란 풍차가 설
치된 콘도가 있었다. 한 여름이 되면 콘도에 놀러 온 친구, 가
족들이 수영복을 입고 여유롭게 즐기는 것을 보곤 했다. 사실
그게 콘도라는 것도 나는 아주 나중에 알게 됐지만….

한 여름에 땡볕에서 도시락을 먹는데 왜 이렇게 서러운
지…. 나는 속으로 다짐했다. 앞으로 무슨 일을 하든 반드시
성공을 해서 정말 좋은 콘도로 휴가를 가겠다고.

그렇게 군부대에 납품을 마치고 돌아오면 대략 3~4시 정도
가 되었다. 그러면 나는 다시 이곳저곳 알바를 하면서 돈을 벌
어야 했다. 그동안 안 해본 알바가 없을 정도로 시사영어 판
매부터 연탄가스 중독 방지제 방문 판매, 구정에는 복조리를
만들어서 팔기도 했다. 그러다 졸업시즌이 되면 꽃 도매상에
서 꽃을 떼다가 꽃다발을 만들어서 판매하고는 했었다. 그러

다 원주 S대 졸업식 날도 똑같이 꽃다발을 만들어서 학교 앞에서 판매를 하고 있었는데, 졸업생들이 까만 졸업 가운을 입고, 친구들 또는 가족들과 너무 밝은 얼굴로 학교 가는 모습을 보다보니, 갑자기 가슴이 먹먹해지고 내가 너무 초라해 보였다. 나는 대학 복학을 포기했던 상황이었고, 나름 잘 적응하고 있다고 생각했었는데 그건 그냥 내가 나를 속이고 괜찮은 척 했던 것 같았다.

그때 친구랑 같이 일을 하고 있었는데 그 친구랑 나는 서로 아무 말도 못하고 그냥 그렇게 거기서 장사만 했다. 그 친구도 대학을 중퇴한 상태라 그런지….

우리는 장사를 끝내고 아무 말 없이 소주 한 잔 거치고 집으로 향했다.

너무 가슴이 아팠다. 어떻게 해야 할 지 결정이 안됐다.

군대를 제대하기 전에 전역소에서 1주일 정도를 대기하면서 사회 적응에 대한 정신교육을 받는데, 그때 한 교관이 했던 말이 생각났다. "여러분이 사회에 나가면 분명히 어려운 일들에 많이 봉착할 것이다. 그럴 때는 발가벗고 거울을 한번 보아라. 그리고 자신한테 진지하게 고민을 털어 놓고 혼자 여행을 떠나라!" 나는 그 말대로 정말 발가벗고 거울 앞에 한참을 서 봤다. 그리고는 혼자 여행을 다녀오기로 결심했다. 가방 하나

메고 처음으로 홀로 떠난 여행에서 하루는 새벽에 전라도 어느 시장을 갔는데, 그 새벽에 시장 사람들이 분주하게 움직이는 모습을 보고 나는 많은 것을 깨달았다. "아! 다들 정말 열심히 사는구나, 내가 힘든 것은 별거 아닐 수도 있겠구나. 그래 다시 시작하자!" 지금 보다는 미래를 생각하게 되고, 어떻게 하든 나를 위해서라도 복학을 하기로 결심을 했다.

그 여행 이후로, 나는 군부대에 납품을 갔다 오면 곧바로 책을 챙겨 S대 도서관으로 갔다. 거의 5년 만에 책을 펼치다 보니 제대로 알 리가 없었다. 나는 안되겠다 싶어 고등학교 화학, 영어, 성문 기본 종합영어, 12000 vocabulary 책을 다시 꺼내 처음부터 다시 공부하기 시작했고, 졸업 때까지 33000 웹스터 vocabulary를 통째로 외워버렸다.

나는 학구열에 불타기 시작했다. 원래 뭐 하나에 빠지면 끝을 봐야하는 성격도 한 몫 한거 같았다. 나는 그날부터 졸업할 때까지 정말 열심히 공부를 했다.

자는 시간, 먹는 시간도 너무 아까웠고, 아침에 납품을 가게 되면 항상 옆에 책을 놓고 틈틈이 공부를 했다. 공부가 이렇게 재미있고 내 적성에 맞는지 처음 알았다.

다행히 여동생은 대학 졸업 후 교습소를 차렸고, 교습소의 수입을 가족 생계에 보탰고, 막내 동생은 1학년만 마치고 방위

병으로 입소를 하게 되었다. 다행히 막내 동생이 방위병이었기에 우유, 소시지 입·출고시 도와줄 수 있었고, 아버지와 가끔 판매도 하게 되면서 나는 조금은 편한 마음으로 복학을 할 수 있었다.

복학 후 시련과 졸업

몇 년 만에 복학하다 보니 모든 게 새로웠다. 1980년에 입학해서 81년 말에 휴학하고 87년에 3학년으로 복학했으니 무려 6년 만이었다. 반갑기도 하고 낯설기도 하고 정말 만감이 교차했다. 나는 복학하는 첫날, 과 후배들에게 누가 제일 공부를 잘하냐고 물어보니, 한 여학생을 가리켰다. 수석으로 입학한 후 한 번도 1등을 놓친 적이 없다고 했다.

나는 바로 그 여학생한테 가서 말을 걸었다.

"나 공부 좀 가르쳐줘라?"

아마 그땐 이게 호랑이 새끼를 키우게 되는 건지를 그 여학생은 몰랐을 것이다.

나는 무조건 장학금을 받아야 했다. 돈이 없어서 겨울에도 난방이 안되는 방에서 살아야 했고, 아침은 굶고 점심은 구내식당에서 300원짜리 자장면이나 우동만 사먹었다. 당시 백반이 500원이었는데 그 200원도 아까웠다. 자장면, 우동도 꼭 점심시간이 거의 끝날 무렵에 맞춰가서 먹었다. 왜냐하면 거의 배식이 끝날 무렵에는 남은 자장면을 처리하기 위해 양을 많이 줬기 때문이다. 물론 팅팅 불어서 맛은 없었지만, 나에게 큰 문제가 아니었다. 나는 항상 그렇게 점심을 먹다보니 배급하는 아주머니랑 친해져서 식당에 갈 때마다 "안녕하세요? 저 왔어요." 하면 그 아주머니가 알아서 짜장면이나 우동을 식판 가득히 채워 준 기억이 있다.

한 번은 대학 조교로 있는 친구가 학교 근처에 맛있는 중국집이 있다며 700원짜리 자장면을 사준 적이 있는데, 정말 차원이 다른 맛이었다. 그때 그 맛을 지금도 잊지 못한다. 암튼 먹는 것은 맛보다 양이 중요했고, 살기 위해 먹는 것으로 인식을 하다 보니 지금도 음식 맛에 별로 신경을 안 쓰게 된 것 같다. 지금도 맛집 기다리면서 먹는거 이해가 안 간다.

나는 장학금을 받기 위해 'All A학점'을 목표로 공부를 시작했다. 새벽에 일어나 도서관에 자리 잡고, 수업시간 사이에 조금이라도 시간이 나면 무조건 도서관으로 달려갔다. 하루 종일 공부 외에는 다른 곳에 쓰는 시간이 너무 아까웠다. 방학 때는 어쩔 수 없이 원주에 가서 아버지의 군납 일을 도와야했는데, 그 시간이 얼마나 아까웠는지, 방학 중에도 도서관에 남아서 공부하는 친구들이 그땐 제일 부러웠다.

그 결과, 나는 3, 4학년에 모두 'A학점'을 받았다. 과에서 1등만 전액 장학금을 주는데, 졸업 때까지 전액 장학금을 모두 받았다. 과 공부도 열심히 했지만 방송국 아나운서, 기자 등에도 관심이 많아 언론공부도 병행을 했다. 그래서 인문 과목도 신청해 수강했었는데 이 과목들도 모두 졸업할 때까지 A학점을 놓치지 않았다.

하루는 그 후배여학생이 나를 찾아와 "선배님은 어떻게 하셔서 모두 A를 받으세요?"라고 물어 보길래, "너는 공부할 때 A학점 받기 위해 공부하니?"라고 되물었다.

그러자 그 후배는 "예"라고 하길래, "나는 A학점 받기 위해서 공부하지는 않아."

"그럼요?"

"나는 A학점 받기 위해서가 아니라 100점 받기 위해서 공부해. 그래야 시험을 못 봐도 A학점을 받을 수 있으니까."

아마 그때, 그 후배는 가슴을 쳤을 것이다. 그렇다고 서로 사이가 안 좋고 그러진 않았다. 선의의 경쟁자로 그 후배하고도 친해져서 졸업 때까지 자주 만나곤 했었다.

복학하고 1년이 지난 3학년 겨울방학에 원주에 왔는데, 어머니가 어두운 얼굴로 할 말이 있다며 나를 불렀다.

무슨 일이 있구나 직감할 수 있었다. 아니나 다를까 어머니는 "아버지가 간암말기"라고 전해주었다. 나는 순간 그럴 리 없다고 생각했다. 평소에 술을 매일 같이 드시긴 했지만, 외견상으로는 매우 건강한 모습이었기 때문이다. 제발 오진이길 바라고 또 바랐다.

지금도 눈에 선한 장면이 있는데, 그 후에 아버지가 유명한 한의원에서 다시 진찰을 받고 오셔서 나를 보고는 "형일아 오진이래", "나 암 아니래"라며 환하게 웃던 모습이 지금도 생생하다. 그러나 아버지의 상태는 날이 갈수록 심각해졌고 이미 수술도 할 수 없을 정도로 암이 전이된 상태였다. 하루하루 얼굴은 검게 변해갔고 몸은 수척해지셨다. 나는 너무 마음이 아파 아버지를 똑바로 쳐다볼 수도 없었다. 그때가 아버지는 54세였고 어머니는 47세였다. 지금 생각하면 정말 한창 때인데…. 그때를 생각하면 지금도 자꾸 눈물이 난다.

결국 아버지는 간암말기 판정 후 1년이 안된 1988년 4월 55세로 돌아가셨다. 너무 허망하고, 인생이 이렇게 부질없는 것인가 싶었다. 남은 어머니와 동생들을 생각하면 더 마음이 아팠다.

그런데 아픔은 여기서 끝나지 않았다. 아버지가 돌아가시고 며칠 후 아버지 친구 분이 우리를 좀 보자고 연락을 해오셨다. 그 분은 아버지와 막역한 사이셨고, 식당을 하고 계셨는데 서울에서 손님이 찾아 올 정도로 유명해서 돈도 많이 번 분이었다.

어머니와 함께 그 분을 찾아갔는데, 대뜸 한다는 소리가 "빌려간 돈 당장 갚지 않으면 집 압류 걸어서 경매로 처분하겠다"는 것이었다. 나는 일단 아버지와의 상황을 제대로 알지 못해 죄송하다고 말씀드리고, 내가 대학 졸업 후에 꼭 갚을 테니 조금만 기다려 달라고 부탁을 했다. 그러자 그 분이 그걸 어떻게 믿느냐며 지금 당장 갚으라고 소리를 치는 것이었다.

아버지 살아계실 땐 그렇게 호형호제 하던 분이 이렇게 반색할 줄은 꿈에도 몰랐다. 우리 집 사정을 뻔히 알면서 어떻게 그렇게 말할 수 있는지 너무 서운하고 서러웠다. 나는 자존심을 모두 버리고 태어나서 처음으로 무릎을 꿇고는, 졸업하면 무슨 일이 있어도 돈을 갚겠다고 각서를 쓰고, 간신히 마무리 짓고 집에 오는데 너무너무 화가 나고 가슴이 아파서 "나는 무조건 성공한다. 보란 듯이 성공을 하겠다"라고 切齒腐心하며 성공을 다짐했다.

지금 생각해도 화가 치밀어 오른다. 남의 눈에 눈물나게 하면 언젠가 부메랑이 되어 본인에겐 피눈물이 됨을….

그날 이후로 나는 단 1분도 허투루 쓰지 않았다. 수업이 끝나면 무조건 도서관으로 향했고, 돈벌이를 위해 학교 행사

MC 등 닥치는 대로 아르바이트를 했다. 방학 때는 아버지가 하시던 군납 일을 계속했다.

그렇게 나는 공부와 일을 병행하며 복학 후 대학 생활을 보냈다. 졸업할 때가 되자 졸업앨범과 수학여행을 간다고 회비를 걷었는데, 돈이 없어서 수학여행은 고사하고 졸업앨범도 비싸서 사질 못해 지금 나는 졸업앨범도 없다. 복학하고 졸업할 때까지 지금 생각해보면 정말 많은 일들이 있었다. 하루가 모자를 정도로 해야만 하는 일들이 넘쳐 났었다.

그렇게 나는 드디어 1989년에 우수한 성적으로 졸업했다. 입학한지 무려 9년 만에 대학을 졸업한 것이다. 그리고 나는 졸업 전에 국내 10대 그룹 중 하나인 L그룹에 공채 24기로 입사도 했다.

네 번째 이야기

ㄴ그룹 입사와 퇴사

ㄴ그룹에서 보낸 짧지만
강렬했던 시간들

지금은 많이 달라졌지만, 내가 대학을 졸업할 때만해도 대학까지 나와서 사업을 한다고 하면 부정적인 시선이 많았다. 대부분 대학을 졸업하고 선호하는 직업은 안정적인 회사에 취직을 하거나 국가공무원이 주를 이루던 시절이었다. 창업을 해서 사업을 한다는 것은 미래가 보장되지 않는 불안하고 위험한 일이라 대부분이 꺼려하고 기피하는 경향이 컸다. 심지어 결혼 조건에도 심각한 결격사유가 될 정도였다.

나 역시 그런 생각에서 크게 벗어나지 않았다. 대학을 다니면서 세운 목표는 '국내 10대 그룹에 정식시험을 통해 떳떳하게 공채로 입사하는 것'이었다. 물론 대학 4학년 때는 방송국 아나운서에도 관심이 있어서 그쪽 공부도 같이 병행을 했었다.

당시에는 중복으로 입사시험을 볼 수 없게 회사별로 시험 일자가 정해져 있었다. 예를 들어, 먼저 방송국이 시험을 보고, 10대 그룹은 같은 날에, 그리고 약 2주 있다가 30대 그룹이 동시에 입사 시험을 치렀다.

첫 번째 입사 시험

일단 나는 입사 시험 경험도 쌓을 겸, 당시 국내 최초로 저온살균법으로 우유를 제조하면서 국내에 파란을 일으켰던 ○○○○유업에 응시를 했다. 공채 1기생을 모집하는 것이었고, 급여나 처우는 삼성보다도 더 파격적인 대우를 해주겠다고 공시해서 그런지 입사 지원자가 상당히 많았다.

시험 절차는 내가 생각했던 것보다 훨씬 까다로웠다. '1차 대학성적 및 이력서, 2차 필기시험, 3차 대학 담임교수 면담, 4차 고교 성적, 5차 고교 담임과의 면담'으로 진행됐다.

나는 일단 1차에 합격하여 2차 필기시험을 보러 시험장에 갔다. 당시 20명 정도를 모집했던 것 같은데, 서울 ○○상고 시험장이 꽉 찰 정도로 응시생들이 많았다. 필기시험은 '1교시 상식, 2교시 영어, 3교시 전공'이었는데 나는 모든 시험에 자신이 있었다. 일단 1교시 상식은 다 맞은 것 같았고, 2교시 영어도 100점을 확신했다. 2교시를 마치고 나는 문득 이런 생각이 들었다. "그냥 경험삼아 응시한 거고, 합격을 해도 여기에 취업할 생각이 없는데 만약 수석으로 합격하면 어떡하지?" 그 순간은 정말 진심이었다. 그리고 마지막 3교시 전공시험이 시작됐다.

시험관이 답안지로 A3용지 크기의 백지를 주고는 문제를 칠판에 적기 시작했다. 무슨 '미생물'에 대한 문제였던 것 같은데, 나는 미생물을 배운 적이 없어서 결국 백지 그대로 제출을 했다. 당연히 잠시 가졌던 수석 입사에 대한 허상도 물 건너가는 순간이었다.

그 해 ○○○○유업의 까다로운 입사 시험에는 단 한 사람도 합격자가 발생하지 않았다. 당시에는 직원 모집 광고나 합격자들을 신문지면에 공고를 했었다.

두 번째 입사 시험

그렇게 입사 시험 경험을 제대로 한 나는 다음으로 ○○○방송사에 도전했다. 방송사 시험은 1차 합격자들이 모여서 뉴스 내용을 주고, 그 내용을 즉석에서 뉴스 멘트로 바꿔 진행하는 실기시험이었다. 시험장에는 유명한 아나운서와 심사위원들이 앉아 있었다. 응시자들의 뉴스 멘트에 맞춰 카메라 테스트도 동시에 진행됐다. 한 번에 4명씩 들어와서 각자 뉴스 멘트를 마치면 카메라가 개별로 줌인을 하는데, 그 시간이 대략 5초 정도였다. 그런데 내 차례에서 카메라가 20~30초 정도 계속 줌인하면서 심사위원들이 모여 회의를 하는 것이 아닌가? 순간 나는 "아 됐다! 붙었구나!" 생각이 들었다.

사실 나는 시험장에 들어서면서 주눅이 많이 들었었다. 당시 모집 인원은 10명 정도였는데, 대기실 강당에는 수백 명이 모여 있었다. 게다가 응시자들의 용모나 복장에 압도당했다. 여성 응시자들은 외모도 출중하고 복장도 모두 고급스러웠다. 남자 응시자들 역시 내 눈에는 하나 같이 출중해 보였다. 당시 나는 옷이 없어서 동네 세탁소에서 양복과 넥타이를 빌려 입었으니 시험도 보기 전에 주눅이 들지 않을 수 없었다. 어찌됐든 방송국 시험은 그렇게 끝났다.

그룹 입사 시험

방송국 다음으로는 10대 그룹 중 'L그룹'에 입사지원서를 냈다. L그룹의 입사 시험은 '1차 서류전형(대학성적), 2차 필기시험, 3차 면접'의 절차로 진행됐다.

나는 1차에 합격하여 2차 필기시험을 보러 ○○대학교에 갔다. 대충 둘러보니 200명 모집에 필기시험을 보러 온 응시자가 몇 천 명은 돼보였다. 시험 과목은 영어, 상식 그리고 전공이었는데 나는 무난히 합격을 했다. 그리고 며칠 후 3차 면접을 보러 소공동에 위치한 L호텔 13층 인력관리부로 갔다.

13층에 도착하니 면접 전에 간단히 면담을 하고 면접장으로 들어가게 되어 있었다. 면담관은 "현재 2차 시험까지 약 400명이 합격한 상태이고 면접 후 200명이 최종 합격을 하게 된다"고 알려주며, 면접요령과 금지사항들을 자세히 설명해 주었다. 그리고 나에게 "지원한 회사가 어디냐?"고 묻기에, 나는 "1차는 대홍기획, 2차는 중앙연구소를 지원하긴 했는데, 중앙연구소는 합격을 해도 갈 생각이 없다"고 말했다. 그러자 면담관이 "대홍기획 면접은 어제 끝났고, 오늘은 중앙연구소 면접관만 나와 있다"면서 "면접 중에 절대로 대홍기획 얘기를 꺼내지 말라"는 거였다.

나는 황당하지 않을 수 없었다. 당연히 1차로 대홍기획을 지원했기에 그 팀들의 면접을 예상했는데, 이게 무슨 날벼락이란 말인가?

황당함도 잠시, 면접장에서 내 이름이 호명되었다. 면접장에는 5명 정도 면접관이 있었던 것 같다. 면접관들 앞에 앉자 몇 초간의 침묵이 흐른 뒤, 한 분이 첫 질문을 했다. 그 질문은 지금도 기억 속에 생생하다.

"김형일 씨는 대학을 오래 다녔네요? 왜 이렇게 오래 다녔어요?"

나는 집안 사정으로 대학 규정에서 정한 휴학기간을 모두 사용하고 복학을 하다 보니 9년 만에 졸업을 하게 되었다. 난 그간의 사정을 일목요연하게 설명했다. 한때 DJ, MC 생활을 했고, 아나운서 준비도 하던 시절이라 나름 말을 조리 있게 잘 했던 것 같다. 그리고 비록 대학은 늦게 졸업했지만 후회 없이 공부도 열심히 했고, 학생들이 경험해보지 못한 사회에서의 경험도 내겐 정말 의미 있는 시간들이라서 절대 후회 같은 건 없다고 소감을 피력했다.

이어 다른 면접관이 "1차 지망은 대홍기획을, 2차 지망은 중앙연구소를 지원했는데, 오늘은 중앙연구소 면접이라 만약 합격을 하면 중앙연구소에서 근무를 하게 되는데 가능하겠냐?"고 물었다. 난 앞서 면담에서 "대홍기획이 아닌 중앙연구소에 가겠다고 꼭 말을 해야 한다"고 당부했던 기억이 순간 떠올랐다. 그런데 이렇게 말을 했다. "제 전공이 화학이라서 중앙연구소에도 지원을 했습니다. 전공도 내 적성에 맞고 또한 업무가 주어진다면 누구보다 열심히 할 자신이 있습니다. 하지만 비록 전공과는 상반되지만 저는 언론 및 홍보 업무에 더욱 관심이 많고 전공 못지않게 언론 공부도 열심히 했기 때문에, 대홍기획에 입사해서 저의 모든 것을 펼치고 싶습니다. 그래서 죄송하지만 중앙연구소로 발령이 나면 저는 입사를 할 수가 없습니다."

나는 내가 말을 하면서도 "아! 너무 나갔나?" 생각이 들었다. 머리는 아닌데 말이 그렇게 나가버리고 만 것이다. 뭘 믿고 그렇게 건방진 소리를 했는지…. 아마 그때 면접관들도 황당하다 못해 정말 어이가 없었을 것이다.

그리고 면접관들은 나의 이력에 대해 많은 질문을 했다. DJ 시절, MC 활동, 휴학하고 생계를 위해 일을 해야 했던 때 등 다른 면접자들보다 두 배 이상은 길게 면접을 봤던 것 같다. 길게 보는 면접이 좋은 건지는 잘 모르겠지만….

그런데 나는 면접을 보면서도 "아! 뭔가 잘못되는 것 같다"는 불안한 생각이 계속 들었다.

그렇게 면접을 마치고 막 나가려는 순간, 나에게 그동안 질문을 한 번도 하지 않은 맨 오른쪽에 앉아 있던 한 면접관이 "잠깐만요!" 하고 나를 멈춰 세우더니 "허! 정말 다재다능한 분이네. 면접 받느라 정말 고생하셨다"고 말하는 것이 아닌가?

아직도 그 기억은 어제 일처럼 생생하다. 순간 나는 삼성그룹의 이병철 회장이 면접을 볼 때 역술가를 참석시킨다는 말이 떠올라, 혹시 이 분도 역술가가 아닐까 생각이 들었다.

실제 L그룹에서도 역술가를 면접관으로 참가시킨다는 말이 없지는 않았었다. 그런데 그 말이 칭찬인지 아닌지를 나는 잘 판단이 안됐다. 칭찬인가? 아무튼 이렇게 L그룹 면접은 끝이 났다. 면접관들에게 인사를 하고 나오는데 "아 떨어졌구나!" 생각이 들었다. 내가 뭐 그리 대단하다고 중앙연구소는 가지 않겠다고 했는지, 면접관들이 이 말을 듣고 얼마나 자존심이 상했을지, 면접비로 5천원을 받고 나오는데 내 자신이 정말 한심해 보였다.

L그룹 합격과 입사

L그룹에서 면접을 보고, 그 다음 주에는 30대 그룹 중 하나인 국내 최대의 화장품 전문 A회사에도 입사 시험을 봤다. 그렇게 정해진 일정에 맞게 몇 군데 입사 시험을 치르고 나는 합격자 발표를 기다리고 있었다. 공교롭게도 ○○○방송사와 L그룹이 같은 날 합격자를 발표했다.

발표 당일. 나는 솔직히 L그룹은 기대를 안 했지만 방송사는 내심 기대하고 있었다. 방송사는 여의도 본사 앞 게시판에 대자보로 합격자를 고지한다고 했고, L그룹은 합격통지서를 원주 집으로 등기가 갈 거라고 했다.

나는 일단 방송국부터 확인하기로 하고, 마침 여의도에서 일하는 친구가 있어 그 친구에서 수험번호를 주고 합격 여부를 확인해 달라고 부탁했다.

1시간쯤 지났을까 친구에게 연락이 왔다. "확인해 봤는데 없는 거 같아."

그럴 리가 없는데? "직접 가서 확인한 거 맞지?", "어 몇 번 확인해 봤는데 없어."

허무했다. 자는 시간도 밥 먹는 시간도 아껴가며 정말 열심히 공부했는데, 면접도 잘 본 것 같아서 내심 기대가 컸는데 합격자에 내 이름은 없었다.

L그룹은 떨어진 게 분명한데, 원주에도 전화를 해봐야 하나? 갑자기 불안감이 급습해 왔다. 여기도 떨어지면, 진짜 답이 안 나왔다. 두근거리는 마음으로 원주 집으로 전화를 했다. 마침 어머니가 집에 계셨다.

"엄마 혹시 나한테 우편물 온 거 없어?"

"어 형일아. L회사에서 너한테 뭐 왔던데, 이거 뭐야?"

"엄마 그것 좀 뜯어보실래요?" "그래 잠깐만."

"형일아 합격했다고 며칠까지 연수받으러 오라는데? 무슨 시험 봤었니?"

붙었구나! 당연히 떨어진 줄 알았는데…. 순간 가슴이 울컥했다. 복학 후 잠 한번 제대로 푹 못자보고 도서관에서 강의

실로 1분1초도 아껴가며 공부만 했던 기억들…. 방학에는 원주로 내려가서 가족들 생계를 위해서 아침부터 서둘러 일을 해야 했던 기억들…. 그 당시에는 방학 중에 도서관에 남아서 공부하는 학생들이 그렇게 부러울 수가 없었는데….

그렇게 나는 L그룹 공채 24기로 당당히 입사를 하게 되었다. 그 후에 A사에서도 합격했다는 연락을 받았지만, 나는 L그룹에 남기로 결정했다.

L그룹 연수 에피소드

L그룹 합격 후 오산에 있는 연수원에서 10일간 연수가 진행됐다. 24기 동기는 200명 정도가 되었는데, 그 중에서 여자는 딱 2명밖에 없었다. 그러다 보니 늘 눈에 띄었다. 본격적인 연수 활동에 앞서 일단 20~30명 정도로 조를 편성했는데, 운 좋게 여자 동기가 포함된 조는 부러움의 대상이 되었다. 불행히도 나는 수컷들만 바글대는 조에 편성됐다. 후문에 의하면 여자 동기가 있었던 조는 연수가 끝난 후에, 여자들 대학 친구들과 단체 미팅도 했다고 한다. 운도 좋은 놈들….

연수 과목은 주로 그룹 내 임원들이 강사로 들어와서 그룹 소개 및 공채 입사에 대한 자긍심을 불어넣어주는 내용들이었다. 그러다 한 번은 어떤 강사가 주제를 주고 조별로 발표하는 시간이 있었는데, 지금 그 주제는 생각이 잘 나질 않지만 어떻게 하다 보니 내가 우리 조를 대표해서 발표를 하게 되었다. 나는 열심히 발표를 했고 큰 박수를 받았다.

그렇게 그날 연수 일정을 마치고 연수원 숙소에서 쉬고 있는데 문 밖에서 누가 노크를 했다. "이 시간에 누구지?" 문을 열어보니, 다름 아닌 여자 동기 2명이 문 앞에 서있었다. 나는 너무 뜻밖이라 일단 들어오라고 하고는, 같은 조도 아니고 서로 인사도 나눈 적이 없는데 무슨 일로 왔느냐고 물었다.

그러자 "낮에 조별 주제 발표에서 내 발표를 들었는데 너무 잘하고 감동을 받아서 인사라도 하고 싶어서 왔다"는 거였다. 내 발표에 감동을 받아서 찾아왔다니 이런 영광이 또 어디 있겠나. 나는 고맙다는 말을 전하고 그렇게 그 여자 동기들을 알게 됐다.

그리고 세월이 흘러 연락이 닿는 그룹 동기모임을 만들었는데, 내가 회장을 맡으면서 그 여자 동기들을 수소문해봤지만 지금까지 연락이 되는 동기들이 없었다. 당시 월드, 호텔로 발령받은 것으로 알고 있는데, 또 언제 만날 기회가 있을지 모르겠지만 행복하게 살고 있길 바랄 뿐이다.

보고 싶은 동기들이여!

L그룹에서의 시작

10일 간의 연수를 마치고 나는 '식품회사'로 발령을 받았다. 사실 그때까지만 해도 1차로 지망한 '대홍기획'으로의 발령을 기대하고 있었는데 결국 식품회사의 연구소 쪽으로 발령이 난 것이었다. 관련 부서에 찾아가 항의도 하고 인사담당 이사와 몇 차례 상담도 했지만, 이미 발령이 난 상태라 어쩔 수 없다는 대답뿐이었다. 대신에 인사담당 이사는 "1년 후에 다시 인사이동을 해주겠으니 그때까지만 식품회사에서 근무를 하라"고 약속해 주었다.

나는 그 약속을 믿고 식품회사에서 열심히 일했다. 그런데 1년이 다 되어갈 때쯤 그 인사담당 이사가 돌연 퇴사를 해버렸다. 나는 이것도 운명이라 생각하고 대홍기획에 대한 생각을 접고, 지금 이곳에서 나의 꿈을 펼치겠노라고 다짐했다.

식품회사의 연구실로 배정받은 나는 실험실 책임자로 근무를 시작했다. 당시 회사는 일본에 돈육 수출을 시작할 때였는데, 수출을 위해서는 돈육 내 항생제인 'Sulfa제'를 국가 인증기관에 분석을 의뢰해 일본이 원하는 기준치에 부합한다는 데이터를 첨부해야 했다. 그런데 그 분석 과정이 쉽지 않다보니, 돈육의 유통시간이 지체되는 일이 종종 발생하기도 하고, 수출 물량이 늘어나면서 인증기관의 분석 업무에 과부화가 생기기도 했다. 이에 정부에서는 일반 기업에서도 분석 업무를 수행하고 인증할 수 있도록 제도를 개선해 나가고 있었다. 기업의 연구실을 인증기관으로 지정하여 다양한 분석 업무를 수행할 수 있도록 하는 게 이 제도의 핵심 골자였다.

그러기 위해서는 인증기관으로 적합한지 심사가 필요했는데, 인증기관에서 분석 샘플을 보내오면 이를 분석해 인증기관과 동일하게 데이터를 맞추어야 인증기관으로 최종 지정을 받을 수 있었다. 인증기관이 되면 일본에 돈육 수출 업무 등을 할 때 자체 분석 데이터로 수출이 가능해져 우리 회사 입장에서는 매우 시급하고 중요한 프로젝트였다. 이를 수행할 연구원으로 바로 내가 배치된 것이다.

그래서 나는 연구실에 배치되자마자 분석에 필요한 장비부터 구매하기 시작했다. 당시 일반 기업 연구실에서는 HPLC (High performance liquid chromatography, 고속 액체 크로마토그래피) 같은 고가 장비를 운영하는 곳이 많지 않을 때였다. 그러나 분석을 위해서는 이런 고가 장비들이 필수로 필요했고, 이런 장비들을 능숙하게 다룰 줄 알아야 했다.

어렵게 장비들을 세팅하고, Sulfa제 분석을 위해 S대 연구소, 국가 기관 연구소 등을 다니면서 Sample Preparation(시료 전처리), 분석법, 운영법 등을 배우기 시작했다. 당시에 이런 분석을 할 수 있는 곳은 국내에 '도핑 컨트롤 센터' 등 몇 군데가 없었기 때문에 신중을 기해서 배울 수밖에 없었다. 그리고 회사로 돌아와서는 혼자 분석 실습을 했다.

그런데 Sulfa제 분석이 결코 쉽지 않았다. 과정도 까다롭고 시간도 보통 10시간 이상 소요되다보니 실험실에서 밤샘이 일상이 되어 버렸다. 시료 전처리 과정은 많은 시간과 집중이 요구됐고, 각종 solvent나 시약 제조도 결코 쉽질 않았다. 또 용매들을 제조하기 위해서는 초순수가 필요했는데, 당시에는 초순수제조장치가 너무 고가여서 미국 Merk사가 2L병에 초순수를 담아서 판매하는 것을 구매해 분석에 사용했다.

아마 이때가 업무에서 가장 어려웠던 때였던 것 같다. 실험 중에 이유 없이 시료가 오염되기도 하고, 실험은 잘 됐는데 데이터 값이 다르게 나오기 일쑤였다. 그러다 보니 이렇게 고가의 장비를 구매해 놓고 원하는 결과를 못 낼 경우 그 모든 책임을 내가 져야한다는 생각에 하루하루 속이 바짝 타들어 갔다.

그때는 거의 실험실에서 스치로폴 하나 깔고 밤새면서 분석만 했던 것 같았다.

그렇게 얼마나 실습을 했을까. 드디어 국가 인증기관으로부터 실험 샘플이 도착했다. 나는 떨리는 마음을 가다듬고 그동안 밤샘을 하며 연습했던 대로 차근차근 분석을 진행했다. 분석은 계획했던 대로 잘 진행이 됐고 최종 데이터를 인증기관에 보냈다. 그리고 며칠 후 그 결과가 담긴 공문이 도착했다. 결과는 '합격', 우리 연구실을 인증기관으로 승인한다는 것이었다. 당시 우리 회사 말고도 6~7군데가 테스트를 받았는데, 그 중 2곳은 불합격을 받았다는 소식이 들려왔다. 그 회사의 담당자들은 어떻게 됐을까. 솔직히 난 그때 죽다 살아난 기분이었다.

근무 중 에피소드

한번은 신입 때 늦잠을 자서 지각을 한 적이 있다. 상사에게 혼날 것을 각오하고 부랴부랴 회사에 도착했는데 오히려 나를 반갑게 맞아주는 것이었다.

알고 보니, 평소에 지각 한번 하지 않은 김 주임(당시 내 직급)에게 무슨 일이 생긴 게 분명하다며 지금 막 우리 집으로 출발하려고 했다는 것이었다. 그때가 겨울이었는데 혹시 연탄가스를 마신게 아닌가 걱정했다는 거였다. 나는 미안하면서도 속으로 나름 인정을 받고 있구나 생각이 들었다. 당시 나는 집안 형평상 급여는 모두 원주 어머니한테 보내고 나는 수당으로 생활을 하다 보니, 월세 5만원짜리 단칸방에서 지냈는데 거기가 연탄아궁이 집이다보니, 내가 연탄가스를 마신 줄 알았던 것이다. 아무튼 지각을 하는 바람에 훈훈함도 느끼게 된 날이었다.

또 한 번은 직원 60명 정도가 3일간 연수를 간 적이 있었다. 그때 강사로 오신 분이 S그룹 인력관리부와 연계되어 일을 하신다는 J박사님이었다. 연수 내용은 한 팀이 10명 내외로 조를 짠 후에 어떤 주제가 주어지면 팀별로 해결책을 제시해 경쟁하는 내용이었다. 여기서 핵심은 무작위로 구성된 조에서 과제가 주어졌을 때 누가 리더가 되는지, 또 얼마나 합리적인 답안을 도출하는지를 관찰하는 것이었다.

정확히 기억은 안 나지만, 첫 번째로 주어진 문제는 주식 폭락에 따른 기업의 대처 방안이었던 것 같다. 우리 조는 토론을 하다 보니 자연스럽게 내가 리더가 됐고, 조별 경쟁에서 우리 조가 1등을 차지했다. 다음 주제도 마찬가지로 내가 리더가 되어 또 1등을 차지했다. 그리고 마지막 주제가 주어졌는데 갑자기 한 명이 일어나더니 이번에는 자신이 리더를 하겠다는 것이었다. 나는 흔쾌히 양보를 하긴 했는데 회의를 이끌고, 해결책을 도출하는 과정이 영 탐탁지 않았다. 그래도 리더로 선정을 했으니 그대로 믿고 따랐다. 결과는 마지막 주제에서 우리 조가 처음으로 꼴찌를 했다.

그렇게 연수가 끝난 후 연수생 전원이 동그랗게 서서 J박사님과 악수를 나누는 자리를 가졌다. 거의 악수하면서 목례만 나누는 정도였다. 그런데 내 차례에서 멈추시더니 처음으로 말씀을 하시는 거였다.

"S그룹에서 수많은 직원들을 연수시켜 봤는데, 김형일 씨 같이 팀을 잘 이끄는 리더십과 창의적인 분은 처음이라 3일 동안 너무 감명 깊었고, 김형일 씨는 후에 어떤 일을 하셔도 분명히 성공할 것"이라고 말씀해 주시는 거였다.

사실 난 그 말을 들으면서 내가 그 정도는 아닌데 너무 과찬을 하신다고 생각이 들었지만, 나를 그렇게 평가해 줌으로써 많은 용기를 얻는 계기가 됐던 것 같다.

L그룹에서의 마지막

공채 24기 동기 200명 중 같은 회사로 발령받은 동기가 7명 있었다. 처음엔 대부분 월세방에서 직장생활을 했는데, 2년 정도 지나고 보니 대부분 본가에서 30평짜리 아파트를 구입해 주거나 전세를 얻어주고, 또 자가용도 구입해 주는 것이었다. 그때 나는 보증금도 없어서 월세 5만원짜리 단칸방에 살고 있었는데, 어느 날 급여를 계산해 보니 내가 10년 동안 한 푼도 쓰지 않고 모아야 다른 동기들처럼 살 수 있다는 계산이 나왔다. 누구보다 열심히 일을 했는데, 그 순간 너무 허무하다는 생각이 들었다.

사실 난 이 회사를 평생직장으로 생각했다. 10대 그룹에 공채로 입사한다는 것이 결코 쉬운 일도 아니고, 그 누가 봐도 좋은 직장임에 틀림이 없기에 이곳을 퇴사한다는 것은 생각도 안 해봤다. 하지만 나는 동기들이 부모님으로부터 받는 도움을 보고 그대로 있을 수 없었다. 물론 퇴사를 하고 사업을 하자니 자금도 없고, 내가 잘못되면 당장 어머님과 집안 빚을 감당할 사람이 없어지니 섣불리 퇴사를 결정할 수도 없는 노릇이었다. 정말 이때가 내가 살면서 제일 고민을 많이 했던 것 같다. 그러던 중 사업 자금을 대줄테니 같이 동업을 하자는 사람이 나타났고, 난 6개월간 장고 끝에 L그룹을 퇴사하고 동업을 시작했다. 이 동업이 나에겐 악연의 시작이었으며, 인생에서 가장 힘들었던 시기를 가져왔다. 그러나 나는 이것을 기점으로 홀로서기에 도전하게 됐고 나만의 사업체를 꾸려나가는 계기가 됐다.

"영원한 위기도 영원한 기회도 없다." 내가 좋아하는 말 중에 하나다.

창업

단돈 200만원으로 시작해
글로벌 강소기업 도약

나는 L그룹을 퇴사한 후 연구실에 장비를 납품하는 회사와 잠시 동안 '동업'을 했었다. 동업 조건은 자본대신 나의 연구실 경험과 화학적 지식, 실험분석 노하우 등을 제공하는 것이었다. 아무래도 연구실에 장비를 납품하려면 연구원들과 전문적인 상담을 할 수 있어야하기 때문에 나의 경험과 지식이 회사 영업활동에 큰 역할을 할 것이라고 생각했다.

하지만 결과적으로 그건 내 생각일 뿐이었다. 사업은 결국 '자본'을 출자한 사람이 모든 것을 좌지우지하게 되어 있었다. 서로 부족한 부분을 채워가며 동업을 하자는 건 정말 허울 좋은 말일 뿐이었다. L그룹을 퇴사하고 마주한 사회는, 사업은 그렇게 냉정하고 냉혹했다.

짧은 기간의 동업이었지만 많은 것을 깨닫는 계기가 됐다.

비록 '인연'이 돌이킬 수 없는 '악연'이 되기는 했지만, 돌아보면 그게 오히려 전화위복이 되어 나 혼자 힘으로 사업에 뛰어들게 된 원동력이 된 것 같다.

이때가 내 인생 중에서 가장 암울했던 시절이기도 했다.

홀로서기

93년 6월 1일. 나는 10평짜리 사무실을 얻고 드디어 홀로서기에 들어갔다.

자금 부족으로 인근 부동산을 다니면서 저렴한 사무실을 찾는 중에 시장통 안에 아주 저렴하게 나온 월세 사무실이 있는데, 그 이유가 거기는 기가 세서 들어간 사람들이 다 망해서 나왔다는 것이다. 나는 내가 기가 세서 그런 건 상관없다 하고 당장 계약을 했다. 그게 무슨 상관이랴 하면서…. 당시에는 그런 미신들이 어느 정도 통하던 시기이기도 했다.

나는 L그룹 퇴사시 받은 퇴직금 200만원이 전 재산이었다. 사실 이 돈으로 사업을 한다는 것은 불가능하기 때문에 친구들한테 조금씩 자금을 융통받으려 했으나 불안정한 나에게 돈을 융통해 주는 친구들은 없었다.

그 중 믿었던 한 친구가 이런 말을 했다. "야! 너는 친구들한테 왜 부담을 주냐"라는 것이다.

그 말은 내 마음에 비수가 되었고, 정말 많은 생각을 하게 됐다.

그때 나 자신에 대해 큰 실망도 했고, 무엇보다도 내가 먼저 성공을 해야 되겠구나라고 각골명심하게 되었다. 나는 고민 끝에 원주에 계신 어머니를 찾아뵈었다. 달랑 시골 아파트 한 채 갖고 계신 것을 담보로 자금 융통을 받고자 어머니에게 말씀을 드리니 흔쾌히 허락을 해주셨다. 나는 무슨 일이 있어도 대출은 꼭 갚겠다고 말씀드리고 담보로 대출 3000만원을 받아 서울로 올라왔다. 그나마 당시 대출이 잘 나왔던 것 같다. 그 집이 2015년경에 어머니가 편찮으셔서 서울로 오시면서 매매한 가격이 8000만원 정도였으니.

그동안 나는 마땅히 숙식할 곳이 없어서 이제 막 결혼한 여동생 집에 얹혀살고 있었다. 강북에 있는 주택 지하에서 셋방살이를 하는 여동생한테 얹혀사는 내가 얼마나 초라하고 한심해 보였는지 모른다. 한동안 그렇게 얹혀살다 매제가 지방은행으로 발령이 나는 바람에 하는 수 없이 나도 그 집을 나와야 했다. 그런데 갈 곳이 없어 결국 나는 사무실에서 숙식을 해결하기로 했다. 다행히 사무실 한쪽 구석에 작은 방이 있어서 기본적인 숙식은 가능했다.

사실 방만 달랑 있었지, 연탄아궁이에 외부에 설치된 수도와 공중화장실로 불편한 것이 한두 가지가 아니었다. 어쩌겠는가? 그래도 현실에 수긍하면서 살아야지.

이렇게 창업의 첫발은 아주 초라하게 시작되었지만, 사무실에서의 첫 밤이 나는 너무 행복했고 사업에 성공할 자신도 있었다. 물론 하루하루 현실에서 과연 내가 사업에 정말 성공할 수 있을까 하는 불안감을 떨쳐버릴 수는 없었다. 무엇보다 혹시라도 잘못되면 원주 집을 담보로 받은 대출로 인해 어머니와 동생들이 길거리에 나앉게 될 수도 있다는 생각에 조급하고 불안한 마음이 머릿속에서 떠나질 않았다. 그때마다 나는 다짐하고 또 다짐했다. 지금부터 나는 실패할 시간이 없다. 무조건 성공해야 한다고.

방황 그리고 다짐

사무실도 마련하고 대출로 조금의 사업 자본도 생겼지만, 막상 판매할 제품이 없는 상황에서 일단 나는 이미 시중에 나와 있는 타사 제품들을 도매로 가져와 판매하면서 아이템을 생각해보기로 했다.

당시에는 카탈로그 만들 돈도, 판매할 제품도 없다보니, 남의 카탈로그를 복사해서 영업을 해야 했다. 그런데 영업을 할 곳이 없었다. 그저 막막하기만 했다. 영업을 어디에다 해야 할

지도 몰랐고, 알고 있는 거래처도 전무한 상태였다. 거기다 면허증 딴 지 1주일 밖에 안되서 운전도 서툴고 오라는 곳도 없고 그저 막막하기만 했다.

가방 들고 나와서 갈 곳이 없으니 때론 벤치에 앉아서 하염없이 앉아 있다 들어가곤 했다. 당장 먹고 살기도 힘드니 친구들이나 지인들과의 만남은 모두 끊어버리고 오직 살 방법에만 모든 것을 바쳤던 시절이기도 했다. 이때가 가장 힘든 시기였던 것 같다.

갈 곳도 오라는 곳도, 팔 물건도, 돈도 없는 현실이 버겁고 슬프고 한심하기 시작했다.

L사를 왜 그만뒀는지 후회도 많이 했다. 벤치에 앉아서 담배만 피고 있다 보면 한없이 내가 너무 초라해 보였다. 물론 어느 정도 예상은 했지만 결코 현실은 녹록치 않았다. 가혹하리만큼 냉정했다.

벤치에 앉아서 길거리를 지나가는 사람들을 보거나, 아기들 손잡고 걸어가는 사람들을 보면 모두 다 왜 그리 행복해 보이던지, 나 빼곤 이 세상 모든 사람들이 근심걱정이 없는 사람처럼 내 눈엔 보여지곤 했다.

한 번은 도저히 안되겠다 싶어 다시 취업을 알아봤다. 마침 H보험사와 의류회사인 E그룹에서 채용을 한다 해서 바로 응시를 했다. H보험사는 합격을 하고 E그룹은 불합격을 해서, H보험사에 취업을 하려고 했지만, 막상 또 취업을 하려니 "이럴 거면 L그룹을 뭐하러 그만뒀나?" 생각이 들었다. 아무리 생각해도 다시 취업을 하는 건 스스로에게 너무 창피한 일이었다.

또 한 번은 아는 분이 아동복 사업이 좋다고 해서 알아보다, 마침 원주에 계신 어머님도 칼국수 장사를 그만두고 집에 계신 터라, 원주에 아동복 가게를 열어 장사는 어머님이 하시고, 나는 남대문에서 물건을 떼다가 공급하는 역할로 아동복 사업을 시작했다. 그런데 아동복 본사와 계약을 하고 물건을 받으려는데 물건 값을 선금으로 내야한다는 것이었다. 지금 생각해보면 당연한 것이었지만, 당장 돈이 부족한 나는 사정을 얘기하고 조금만 미뤄달라고 선처를 구하고는, 그 다음 날부터 매일 새벽 4시에 아동복 도매점을 찾아가 사장님들에게 눈도장을 찍기 시작했다. 그렇게 안면을 익히면서 외상거래 좀 하자고 부탁을 하고는 다시 회사로 출근하길 반복했다. 그러다 보니 당시에는 잠을 3~4시간 밖에 못자고 매일 같이 남대문시장에 새벽같이 갔었다. 사실 말도 안되는 소리란 걸 알지만 나에겐 선택의 여지가 없었다. 그렇게 몇 주를 하다 보니, 도매점 사장님들도 감동을 했는지 선금을 50%만 내고 물

건을 떼어가라고 허락해 주셨다. 원주에 문을 연 아동복 가게
는 나름 판매가 됐다. 하지만 이것도 오래가지는 못했다. 어머
니 연세도 있으시고 매주 새벽 4시에 물건하러 남대문시장에
가는 것도 무리였다. 더욱이 사업을 하겠다고 회사를 그만두
고 나온 나에게 아동복 가게는 임시방편 같은 느낌이었다.

이 외에도 나는 한동안 이것저것 해보려고 기웃거렸지만, 그
럴 때마다 현실을 피해가려는 내 자신이 너무 초라하고 허무
해 보였다. 이러려고 사업을 시작한 것이 아닌데 말이다. 결국
나는 다시 마음을 고쳐 잡았다. 내가 왜 L그룹을 퇴사했고 사
업을 시작했는지부터 스스로에게 묻고 또 물었다. 그렇게 내
가 내린 결론은 "내가 가장 잘 아는 분석기기에 모든 것을 집
중하자"는 것이었다. 분석기기 사업에 모든 것을 걸겠다고 다
시 마음을 굳게 먹었다.

국산화 아이템 개발

지금도 국내 연구실에서 사용하는 많은 분석기기가 수입에
의존하고 있지만, 내가 사업을 시작할 당시에는 거의 100% 수
입 제품들이었다. 간혹 국산 제품을 본 적이 있지만 연구실에
서 국산 분석기기를 사용하는 것은 거의 보질 못했다. 시장
상황이 이러다 보니 선뜻 국산화에 나서는 기업이 없었다. 수

입 제품에 비해 떨어지는 성능도 문제였지만 낮은 인지도를 돌려세우기에는 막대한 투자와 시간이 불 보듯 뻔했기 때문이다.

그래도 나는 사업에 성공하려면 결국 '국산화' 밖에 없다고 생각했다. 국산화를 목표로 어떻게 하든 제조를 시작해보기로 마음먹었다. 다양한 분석기기 중에서 어떤 아이템이 국산화에 가장 유리할지 고민하던 나는 무엇보다 '지속성'을 가진 아이템이 필요하다고 생각하게 됐다.

한 번 설치하고 나면 끝인 제품이 아니라, 지속적으로 소모품이 발생하고 관리가 필요한 분석기기를 국산화하면, 소모품 공급으로 지속적인 수익이 창출될 것이고, 사후 관리에 있어서도 신속한 서비스가 가능해 '수익성'과 '고객만족도'를 동시에 높일 수 있을 것으로 예상됐다. 실제 대부분의 분석기기는 판매를 한 후 감가상각이 끝나는 6~7년 동안 거의 소모품이 발생되지 않기 때문에 판매를 한 후에 추가 수익을 창출하기 어렵다는 점을 오히려 기회로 생각한 것이다.

그렇게 큰 틀에서 국산화에 대한 방향이 잡히자 구체적인 아이템이 떠오르기 시작했다.

모든 연구실에서 가장 기초가 되면서도 중요한 것, 바로 '증류수'였다. 당시 연구소에서 증류수를 생산하는 장비는 대부분 해외에서 개발된 'Revers osmosis'라는 역삼투압 방식의 순수·초순수 제조장치였다. 이 장비를 국내 에이전트사에서 수입해 고가에 판매하고 있었다.

특히 이 장비는 주기적으로 필터를 교체해줘야 하는데 그 필터 가격도 꽤 비싸게 판매가 되고 있었다. 결과적으로 그 장비를 공급하는 해외 업체는 장비도 납품하고 지속적으로 필터도 공급하면서 수익을 극대화하고 있었고, 거의 독점을 하고 있어 장비와 필터 가격도 자체적으로 정하면 그만이었다.

그리고 또 한 가지, 당시에는 초순수를 최종적으로 얻기 위해서는 '1차 순수 제조장치'와 '2차 초순수 제조장치'가 필요했기 때문에 장비 2대를 필히 구매해 설치해야 했다. 당연히 가격도 2배, 연구실에 차지하는 공간도 2배가 되어 규모가 작은 연구실에서는 이 장비를 설치하기 위해 연구 공간을 작게 써야만 했다.

여기까지 생각이 미친 나는 "바로 이거다!" 확신이 들었다.

"연구실에 필수로 있어야 하고 지속적으로 필터를 교체해야 하며, 게다가 가격도 비싸고 공간도 많이 차지하여 개선할 여지가 충분히 있는 장비, 바로 '순수·초순수 제조장치'를 국산화해서 새롭게 만들어보기로 정했다.

아이템이 확실하게 정해지니 다양한 아이디어가 하나둘 떠오르기 시작했다.

"현재 2대가 필요한 방식을 하나로 합치면 제품 가격을 낮출 수 있다."

"2대에서 1대로 줄면 당연히 그만큼 연구실에서는 공간을 확보할 수 있다."

"아직까지 1대의 장비에서 순수·초순수를 동시에 생산할 수 있는 장비는 없다."

"최초의 장비이기 때문에 시장을 독점할 수 있다."

"소모품도 주기적으로 사용해야 하기 때문에 수익의 안정화도 꾀할 수 있다."

그렇게 시작된 순수·초순수 제조장치 개발의 핵심은 이른바 '2 in 1시스템', 즉 하나의 장비에서 순수·초순수가 동시에 생산되는 시스템이었다. 나는 그동안 연구실에서의 경험과 화학적 지식, 실험분석 노하우를 바탕으로 기존의 제품들을 연구하여 하나로 합칠 수 있는 방법을 찾아갔고, 수개월의 연구 끝에 드디어 하나의 장비에서 순수·초순수가 동시에 생산되는 2 in 1시스템을 세계 최초로 개발하는데 성공했다.

국산에 대한 낮은 신뢰

처음 개발 후, 연구실에 방문해서 "우리가 이런 장비를 개발

했다. 사용해 보시고 연구 결과가 만족스럽지 못하면 장비 대금을 받지 않겠다. 또한 우리 장비는 외산에 비해 반가격도 안되고 향후 발생되는 소모품가격, maintenence 운영비도 절반밖에 안 들어 running cost가 많이 다운되므로 예산절감 효과도 갖고 올 수 있을 것이다"라고 홍보를 하면 대부분 연구원들은 이렇게 말한다.

"그 장비를 어떻게 믿습니까?"

사실 물은 모든 실험에서 가장 중요하고 기본이 된다. 이 물이 오염되면 모든 분석이 실패하기 때문에 정말로 중요한 장비이기도 하다. 나도 연구원 생활을 해봤기에 충분히 그 입장을 이해한다. 또한 각 지역, 나라마다 물의 특성이 다 달라서 원하는 수질을 연구원들이 얻지 못하게 되면 연구에 엄청난 문제를 발생시킬 수 있기도 하다. 그리고 연구원들은 본인 돈을 사용하는 게 아니고, 회사 또는 나라 공금으로 장비를 구매하는 것이라 가격이 저렴하고, 또는 국산화 장비가 중요한 게 아니라, 내가 사용해 본 장비, 비싸도 세계적으로 인정받은 브랜드가 더 중요했던 것이다.

일화 몇 가지를 소개하자면,

내가 우리나라 최고의 대학 ○○○과에 납품을 하게 되었다. 기기 설치를 하고 담당 교수에게 사용 방법과 이 장비를 국산화했다라고 설명하자 대뜸 이런다.

"이런 건 나도 만들 수 있다"라고 한다.

그러면서 국산이라 하니 여기저기 훑어보며 꼬투리를 잡기 시작한다.

초기에는 이렇게 무시하는 거래처들이 꽤나 있었다.

연구원들이 실험을 하다 잘못되면 본인들이 스토리를 추적하다 국산 장비를 사용한 게 이 장비이니 분명 이 장비가 잘못됐을 것이라고 잠정 결론을 내리고, 우리한테 전화를 해서 무조건 들어오라는 거다. 그리고 만약 이 장비 때문에 실험이 잘못 됐으면 손해배상 및 소송을 걸겠다 또는 장비를 못 믿겠으니 다짜고짜 기기 철수 시켜라 등등.

그러면 나는 처음부터 실험 플로우를 검토하고 연구해서 역추적을 해본다. 그런 시간이 짧을 수도 있지만 며칠 동안을 검토하고 추적하느라 많은 시간을 뺏기기도 했다.

그러나 거의 99% 이상은 연구원들의 실수가 대부분이었다.

내가 만약 연구실에서 실험 경력이 없었더라면 아마 꼼짝없이 당할 수밖에 없었을 것이라는 생각이 든다.

지금도 그때보다는 덜 하지만 여전히 수입산 분석기기에 대한 선호도가 높은 편이다. 하지만 이를 긍정적으로 생각하면 여전히 개척할 시장이 많다는 의미이기도 하다.

거래처 확보에 사활

일단 거래처를 확보하는 게 시급했다. 한 번은 공단 쪽에 가다보니 지역 공단마다 공단관리사무소가 보이기에 방문을 해보니, 거기에는 입주 업체 명단이 자세하게 목록화가 되어 있었다.

"아! 이거다!"

나는 전국을 돌아다니면서 그 명단을 구해서 우리 회사 카탈로그를 복사해서 메일링을 하기 시작했다. 또한 일반 기업체, 관공서 면회실에 가면 면회를 신청하기 위한 연구원들 내선번호가 인쇄되어 있는데, 난 거기서 그 명단을 모두 적어서 온다. 물론 대학교 출입 시에도 비슷한 방법으로 전화번호 명단을 어떻게든 구해서 마케팅에 적극 활용을 하기 시작했다.

지금이야 인터넷에서 명단을 구하거나 또는 핸드폰으로 사진을 찍든 하겠지만 당시에는 그런 것 자체가 없었던 게 아니라 상상도 못할 때였다. 전국 거래처도 지도책 하나로 찾아가던 그런 시절이었다.

그리고 나는 영업을 하게 되면 무슨 수를 써서라도 발주를 받아온다. 물론 얄팍한 사기나 소위 뒷돈이나 누군가의 힘으로가 아니라 정정당당하게 제품과 실력으로 발주를 받아온다.

예로 거래처를 방문하게 되면 경비실에 출입일지를 적게 되어 있다. 가령, 내가 그곳을 방문할 경우 연구원들이 우리 회사만 부르는 게 아니기에 나는 경비일지에 등록을 하면서 타회사 방문 기록을 찾아본다. 물론 이것은 불법 아닌 불법이라 경비원한테 걸리면 제지당하기 때문에 수단껏 찾아 봐야 한다. 방문 순서가 경쟁사보다 빠를 경우에는 방문 일정을 나는 다시 조정하거나, 일이 없어도 다시 방문한다.

상대방을 알게 되면 대략 상대방 기기의 특징, 가격대 등을 알 수 있게 되니 나는 거기에 맞춰 비교견적서나 우리 기기의 특장점 등을 작성하는 영업 전략을 세웠다.

그러기 위해선 우리 장비에 대한 공부는 물론이거니와 경쟁사 제품에 대해서도 철저히 분석하고 연구하고 공부를 해가야 한다. 그래서 자사 장비와의 성능 비교를 사실에 기초해서 객관적으로 설명해 주어야 한다. 그러면서 자사 장비의 우수성도 같이 설명을 하면서 믿음을 심어 줘야 한다. 특히 우리 회사의 슬로건인 "휴먼 제품은 평생 관리 및 AS를 보장한다"라는 것도 강조하면서 말이다.

"지피지기 백전백승" 내가 영업에 있어서 항상 가슴 깊이 매일 되새기는 말이다.

그것 이외에도 상황에 따라 많은 방법들이 있다. 조달청 입찰시 또는 구매과 직원들과 상담시 방법 등등….

나는 항상 영업부 직원들에게 이런 말을 많이 한다.

"영업은 2등 천 번 해봐야 아무 소용없다. 2등은 아무 의미가 없다."

영업에서는 다음이라는 건 기약할 수 없다는 것이다.

나는 영업부 직원들에게 매출액에 대한 목표나 스트레스는 주지 않는다. 우리 쪽 일들이 목표를 세운다고 매출이 발생되는 그런 시스템이 아니기 때문이다. 단 우리 장비에 대해서 충분히 공부했는지, 연구원들의 실험에 맞는 장비를 소개했는지, 제출된 견적서가 소비자의 어떤 결제 라인에 있는지는 꼭 알아야 한다.

그렇게 최선을 다했는데도 발주가 안되면 그건 어쩔 수 없는 거다. 단 마지막으로 우리가 선택이 안 된 이유가 뭔지는 꼭 알아보라고 한다. 물론 쉽지 않겠지만은…. Spec의 문제가 있는지, 가격이 문제인지, 성능의 문제인지, AS, 런닝 코스트 문제가 있는지 등등.

당시 우리 회사는 신생 업체라 향후 발생될 AS나 maintenance를 믿지 못해 발주를 꺼리는 회사들이 많았다.

이런 분석 데이터들이 쌓여서 기기에 접목시키게 되면 그런 것들이 바로 우리 회사의 Know how가 되는 것이고, 그런 것을 취합, 분석해서 소비자의 니즈를 제품에 반영하게 되면 그것이 바로 우리 회사의 미래를 보장하는 것이라 나는 확신하기 때문이다. 가만히 서서 사과 떨어지길 기다리는 노력 없는 대가는 절대 있을 수 없다는 것이다.

창업 후 2년 정도 지나자 그동안 노력 했던 마케팅, 메일링 등으로 서서히 입소문이 나기 시작하면서 순수 제조장치도 판매가 되기 시작했고, 우리 회사를 찾는 연구원들이 점점 늘어나기 시작했다.

글로벌 휴먼코퍼레이션 도약

1993년 창업하여 30년이란 세월이 흘렀다. 창업 당시 세계 최초로 개발한 2 in 1 시스템은 이제 전 세계 연구원들이 가장 선호하는 시스템으로 자리 매김하였고, 또 세계 최초로 채택한 직수타입의 초순수 생산 방식도 이제는 경쟁사들도 도입할 정도로 그 우수성을 인정받고 있다.

하지만 아직 우리는 갈 길이 많이 남아있다. 세계적으로 보면 순수·초순수 제조장치 분야에서 미국의 M사가 아직까지 세계 시장의 70%를 점유하고 있다. 거의 독과점 수준이라고 볼 수 있다. 미국, 영국, 독일 등에서 관련 시스템을 만들고 있고, 5개 정도 브랜드가 세계 시장을 여전히 장악하고 있는 상황이다. 물론 이 거대한 세계적 기업과 우리를 단순 비교하기는 어렵겠지만, 분명히 경쟁에서 앞설 기술력과 노하우를 충분히 갖고 있다고 생각한다. 실제 세계 시장에서 M사가 유일하게 점유율을 빼앗긴 국가가 한국인데, 그건 우리 회사 때문이다. 종종 전시회에 나가보면 M사 직원들이 우리 회사 부스를 기웃거리는 것을 보게 되고, 자사 신제품에 유독 민감한 반응을 보이곤 한다. 그만큼 그들도 우리를 신경 쓰고 있다는 반증이라고 생각한다.

창립 30주년이 된 우리가 앞으로 나아갈 방향은 국내 시장을 넘어 세계로 나아가는 것이다. 세계 시장에서 브랜드력도 높여야 하고, 기존 해외 거래처 외에 더 많은 국가의 Buyer를 개척해야 하고, 앞으로 할 일이 너무 많다. 해외 거래처와 딜러들을 초청해서 세미나도 개최하고, 국제 전시회 등을 통해 브랜드 홍보와 신제품에 대한 마케팅 활동을 강화해 세계 최고의 회사로 거듭나고자 한다.

여섯 번째 이야기

해외라인 개척

직접 발품 팔아 개척한 해외라인

해외라인 개척은 나의 숙원 사업이었다. 해외 분석기기 업체와 에이전트 계약을 맺고, 국내에 수입하여 딜러나 소비자에게 판매하는 것도 물론 중요하지만, 향후 우리가 만드는 순수·초순수 제조장치의 해외 수출을 꼭 활성화시키고 싶었던 것이다.

그러나 당시 상황이 호락하지는 않았다. 사업을 시작할 즈음 이미 미국, 일본 기업 쪽의 수입라인은 국내에 거의 다 들어와 자리를 잡고 있었고, 설령 수입라인이 남아 있다고 해도 우리처럼 규모가 작은 신생 업체와 손을 잡기는 거의 불가능한 일이었다.

그렇다고 포기할 수는 없었다. 어떻게든 수입라인을 개척해야 했다. 그래서 눈을 돌린 곳이 바로 '유럽라인'이었다.

그러던 중 지금의 아내를 만나 데이트를 하게 되었다. 그때 아내는 해외 마케팅이 전문이라 내가 먼저 제안을 했다. 분석 기기 전시회가 독일 프랑크푸르트에서 3년마다 개최되는데, 나랑 같이 가서 통역을 해달라고 했다. 그러자 아내도 흔쾌히 좋다고 하는 것이었다.

그렇게 아내와 나는 아무 정보도 없이 무조건 프랑크푸르트의 'Achema 전시회'에 관람을 갔다. 가보니 그 규모가 국내 전시회는 비교될 바가 아니었다. 전 세계 분석기기 업체들이 대부분 참가해 규모가 정말 대단했다.

나는 회사소개서 하나 들고, 하루 종일 수입라인을 찾아 걷고 또 걸었다. 워낙 전시회 규모가 크다보니 하루에 2만보 이상을 1주일 내내 걸었던 것 같다. 거기에다 부스에서 수집한 각종 카탈로그까지 들고 다니려니 정말 힘이 들었다. 당시 아내도 무척 힘들었을 텐데, 싫은 내색 한 번 안한 것에 지금도 고맙게 생각하고 있다. 아내는 지금도 어떤 일이든 일단 시작하면 그 욕심이 타의 추종을 불허한다.

당시에는 한국에서 유럽 전시회를 많이 참관하러 오지 않을 때였다. 그래서인지 몇몇 업체들은 한국에서 온 우리를 신선하게 바라보며 같이 해보고 싶다는 반응을 보였다. 사실 여기에 오면서도 큰 기대보다는 우려가 더 많았는데 다행히 몇

몇 업체가 관심을 가져준 덕에 다소 가벼운 마음으로 일정을 마칠 수 있었다. 물론 관심만으로 당장 에이전트 계약을 하기는 어렵겠지만 말이다. 실질적인 에이전트 계약을 위해서는 우리 회사가 일단 국내에서 비즈니스 성과를 보여줘야 했다.

독일에서 돌아와 관심을 보였던 몇몇 업체들과 지속적인 후속조치를 해야 하는데, 당시에는 이메일도 없던 시절이라 그 나라 시차에 맞춰 저녁부터 일을 해야 했다. 그래서 아내는 본인 회사 일을 마치고 우리 회사로 와서 같이 저녁을 먹고, 새벽 2~3시까지 해외 전문을 쓰고, 받고, 통화하기를 몇 년 동안이나 그렇게 일을 했다. 그러다보니 하루 취침시간이 4~5시간도 채 되지 않는 날이 허다했다.

사실 그때는 결혼도 안한 상황인데, 그래도 나한테 불평 한 마디 하지 않았던 아내였다. 오히려 내가 피곤해서 대강하고 들어가자고 하면 아내는 안 된다고 마무리를 확실히 짓고 가야한다며 나보다 더 열심히 일을 했다. 지금도 그렇지만, 업무에서 만큼은 완벽함을 추구했던 아내는 일 욕심이 대단한 친구였다.

그래서인지 사회에서도 꽤 인정받고 있었던 커리어 우먼이었다. 아마 직장을 그만두지 않았다면 어디서든 한 자리해서 성공가도를 달렸을 것이다. 특히 외국계 회사에서 근무를 하다 보니 언어 외에도 비즈니스 마케팅에서는 타고난 재능을 보여줬다. 우리 같이 규모도 작고, 신생 업체에게는 에이전트 기회를 잘 주지 않는데, 아내의 능숙한 업무 처리는 외국계 회사들이 우리에게 관심을 갖게 했다.

그런 고생 끝에 우리는 몇 개의 회사와 에이전트 계약을 하게 되었고, 30년이 지난 지금도 그 관계를 꾸준히 유지하고 있는 회사가 10개가 넘는다. 이 회사들은 앞으로도 지속적인 비즈니스를 통해서 서로 윈윈할 수 있으리라 생각한다.

다시 3년이 지나, Achema 전시회가 독일 프랑크푸르트에서 열렸다. 나는 이번에는 우리가 만드는 순수·초순수 제조장치도 출품하고 싶었지만, 출품하는 경로도 잘 몰랐을 뿐더러 막대한 경비와 우리 장비에 대한 외국에서의 평가도 확신하지 못한 상태였기 때문에 당시 에이전트 계약을 맺고 있었던 벨기에 업체에게 부탁하여, 부스 한 모퉁이에 우리 장비 좀 전시해달라고 부탁을 했다. 다행히 흔쾌히 허락을 해주어, 우리는 순수·초순수 제조장치와 관련된 카탈로그를 전시장에 보내놓고, 부푼 꿈을 안고 독일 전시장으로 향했다.

그런데 이게 어떻게 된 일인지, 전시 시작 날에 맞춰 가보니 보내놓은 우리 장비가 하나도 전시되어 있지 않은 게 아닌가. 이유를 물어보니 공간이 좁아서 전시를 못 했다며, 오후에 전시 공간을 마련해보겠다고 했다. 하지만 오후가 되서도 우리 장비를 전시할 기미는 보이지 않았다. 그 다음날도 마찬가지였다. 그래서 우리 장비는 지금 어디에 있느냐고 물어보니, 주방에 전시를 해놓았다는 것이었다. 그러면 일반 방문객들이 우리 장비를 볼 수 없지 않느냐고 반문을 하니, 자기 회사 관련 방문자에게만 오픈해서 보여주겠다고 하는 게 아닌가. 그러면서 자기 회사를 통해서만 거래를 해야 한다고 하는 것이었다. 그러면 처음 약속과 다르지 않느냐고 항의를 했지만 소용이 없었다.

나는 너무 화가 나서 다 필요 없으니깐 일단 우리가 보낸 카탈로그를 다 달라고 해서, 아내와 전시장을 돌면서 방문객들에게 일일이 돌리기 시작했다. 기기가 전시되어 있지도 않은데, 카탈로그를 돌리는 게 무슨 효과가 있겠느냐 만은 그때는 그게 최선이었다.

카탈로그를 돌리는데 무슨 찌라시를 뿌리는 것도 아니고, 정말 화도 나고 서럽기까지 했다. 지금 생각해보면 그게 현실이고 사회인데 말이다. 본인들에게 이익이 안되면 철저히 배제하는 게 당연한 것인데 말이다. 특히 외국 기업들은 냉철할 만큼 자신의 이익에 철저하다. 우리나라처럼 인정주의가 없다. 30여 년간 외국 기업들과 비즈니스를 하면서 터득한 것이기도 하지만, 자신에게 더 이상 이익이 되지 않는다면 거래경력, 친분에 상관없이 바로 손절해버리는 게 그들의 습성이다.

그렇게 전시장에서 절치부심하고 있는데, 아내가 옆에서 한마디 했다.

"다음에는 우리가 직접 출품하자"고.

내가 "어떻게?"라고 하니, 아내는 "내가 다 알아서 할 테니 걱정 말라"고 했다.

당시에는 국내 업체가 해외 전시회에 직접 출마 한다는 것은 상상도 못할 때였다. 참관하러 오는 것도 쉽지 않을 때였으니 말이다.

그 후 아내는 전시회 출품을 위한 루트 등을 체크하고 준비하기 시작했다. 나 역시 3년 후 독일 전시회를 위한 신제품 개발에 착수해서, 우리는 그 다음 전시회에 직접 우리 제품을 전시할 수 있게 되었고, 외국의 수많은 업체들과 마케팅을 시작하게 되었다. 이를 계기로 미국, 일본, 태국, 말레이시아, 중국, 아랍 등 해외 전시회에 출품을 시작하여, 비로소 내가 꿈꾸던 글로벌 회사로 발돋움하는 계기가 됐다.

아내는 전공이 스페인어였었는데, 정작 스페인은 한 번도 못 가봤다고, 꼭 가고 싶다는 거였다. 당시 우리가 거래하는 회사 중에 스페인 회사가 두 군데나 있었고, 에이전트 계약을 맺기 위해서는 그 회사를 방문해서 교육을 받아야 했다.

나는 아내에게 말했다. 신혼여행은 유럽투어로 스페인도 가보자고. 스페인에 가서 플라밍고 공연도 보자고 말이다. 대학시절 플라밍고를 취미로 하면서 공연도 했었던 아내는 너무 좋아했고, 나는 신혼여행을 유럽으로 가기로 했다.

스페인, 독일, 이태리, 벨기에, 스위스, 그러나 사실 모두 거래처 방문이고 교육과 세미나 일정이었다. 우리는 결혼 후 유럽에 도착하자마자 아침부터 저녁까지 교육받느라 관광지 한번 가보지도 못했다. 이건 신혼여행이 아니라 교육 받으려고 온 것이었다.

아내에게 미안했지만 그 당시에는 내 여건상 그럴 수밖에 없었고, 또 그렇게 해야만 했었다. 사실 지금도 나는 해외 휴양지를 가본 적이 별로 없다. 해외는 일이 있을 때만 출장 갔다가 바로 돌아오는 게 다였으니 말이다. 그래도 아내는 불평 한마디 없이 교육만 받고 와도 전혀 상관이 없다는 것이다. 그런 거 보면 아내는 비록 여자지만 때론 여장부 같은 배포도 있는 사람이다. 아니 웬만한 남자들보다 낫다고 생각한다. 나는 아내한테 이런 말을 자주 한다.

"의리의 사나이?"라고….

순수·초순수 제조장치 변천사

한 발 빠르게,
지속적 신제품 개발이 성공 비결

이제는 Water Purification System에 있어서는 타의 추종을 불허할 만큼 국내 최고의 기술력과 마켓쉐어를 확보하고 있으며, 세계 시장에서도 전혀 손색이 없는 아니 오히려 기술력에서 만큼은 한발 앞서가고 있다 할 수 있다.

향후 과제는 전 세계 바이어들도 인지하고 있는 자사 제품의 우수성을 어떤 파트너십을 통해 어떻게 해외시장을 더욱더 넓혀가야 할지에 대한 숙제가 남아 있지 않나 싶다.

그러기 위해서 우리는 해외 전시회, 바이어 교육, 끝없는 제품 개발에 혼신의 힘을 쏟아 붓고 있는 상태다.

Pure series

사업을 시작하면서 'Water Purification System'의 국산화에

모든 것을 걸겠다고 결심했다. 기기를 직접 디자인하거나 설계 도면을 그려본 적은 없었으나 이제는 직접 하지 않으면 안되기에 기기 부속의 위치, 구동을 위한 컨트롤러 구상, 필터 위치 등 기기 개발 후 발생될 수 있는 maintenance시에 불편함이 없는 설계를 머릿속으로 수도 없이 그려가며 자사 1호 장치의 설계와 디자인을 마쳤다.

그것이 바로 세계 최초로 개발한 '2 in 1 시스템'이다.

하지만 당시에는 브랜드 가치, 디자인, 기능 등 외산 제품에 대한 선호도가 높아 2 in 1 시스템이 아무리 세계 최초라고 하여도 국산 제품이란 이유만으로 고객들의 반응은 그리 호의적이지 않았다. 이에 처음에는 제품을 만들어서 무상 대여하는 방식으로 마케팅을 시작했다. 일단 제품을 써보고 만족하면 구매를 하라는 것이었다. 만족하지 못하면 바로 설치한 기기를 철수하면서 "그래도 Demo 기회를 줘서 너무 고맙다"고 꼭 인사를 전했다.

이 과정을 거치면서 고객들이 만족하지 못하는 부분에 대한 체크리스트를 만들어서 기기를 보완해갔다. 이렇게 문제점을 하나 둘 보완하고 개발하기를 반복하면서 우리 회사의 가치는 시장에서 조금씩 인정받기 시작했다.

특히 2 in 1 시스템의 우수성이 연구원들 사이에서 입소문

으로 퍼지면서 외산 제품을 넘어 연구원들이 가장 선호하는
제품으로 자리 매김 했다.

▲ Pure series

Human series

어느 정도 Pure series로 시장에서 인정은 받았지만, 지속적
으로 경쟁력을 유지하기에는 한계가 있었다. 더 업그레이드된
신제품 개발이 절실히 요구됐다. 그러기 위해서는 기기 설계
부터 소프트웨어 개발, 필터팩, 디자인, 브랜드 등 모든 것을
원점에서 다시 개발해야 했다. 또한 분석 연구가 점점 세분화
되면서 실험 목적에 맞는 초순수를 종류별로 생산할 수 있는
맞춤형 시스템 개발이 화두로 떠올랐다.

차기 신제품의 디자인을 고민하던 어느 날, TV 광고에서
새로 나온 핸드폰을 선전하기 위해 기존의 핸드폰을 마구잡
이로 접어서 부수는 장면을 보게 됐는데, 그 순간 "아! 저렇

게 디자인하면 되겠구나!" 생각이 들었다. 그리고 바로 디자인 설계에 들어갔다. 핸드폰이 반으로 접힌 상태의 형상을 떠올리며, 여러 번의 스케치 끝에 나온 것이 바로 'Human series' 이다.

신제품 디자인을 샘플로 제작한 후에 기기 색을 결정해야 하는데, 나는 아무리 봐도 '블랙 엠보싱'이 가장 어울렸다. 그런데 직원들과 주위의 생각은 달랐다. 국내외 분석기기를 통틀어 봐도 검은색을 사용한 제품은 본 적이 없다는 게 이유였다. 연구실이 너무 어두워 보일 수도 있고, 초순수를 만드는 장비가 검은색이라는 것은 잘 맞지 않는다는 것이었다. 틀린 말은 아니었다. 하지만 아무리 다시 봐도 이 기기에는 검은색이 어울렸다. 그래서 나는 고민 끝에 주위의 만류를 무릅쓰고 검은색으로 최종 결정을 했다. 사실 큰 모험이기도 했지만 평소 남들이 가보지 않은 길을 간다는 내 신념이 반영된 결정이었다. 소프트웨어 프로그램과 필터를 구성하는 팩들도 새롭게 아이디어를 내서 실정에 맞게 개발한 후 특허 및 실용신안을 획득했다. 그리고 제품명은 회사명을 활용해 'Human Power', 'Human RO', 'Human UP System'으로 정하고 본격적인 마케팅에 들어갔다. 결과는 대성공이었다. 기존에 경험하지 못했던 기능과 디자인, 블랙 컬러, 또 편리성에 더해서 평생 AS 보장에 그야말로 고객들의 반응이 폭발적이었다.

또한 당시에는 초순수를 생산하기 위해서 '순수 생산 → 물탱크 → 초순수 생산' 방식을 전 세계에서 채택하고 있을 때였는데, 이 방식의 단점은 물탱크 내에서 미생물 증식과 순도 저하로 초순수 생산시 오염의 가능성과 초순수의 순도 저하가 상대적으로 높아질 수 있는 문제를 갖고 있었다.

이에 대해 우리는 최초로 '직수타입', 즉 중간에 물탱크를 제거하고 '다이렉트 초순수 생산 방식'을 채택하여 제품에 적용했다. 이로써 미생물의 오염, 순도 저하 등의 문제를 대폭 개선할 수 있었다. 물론 처음 출시했을 때는 이러한 방식에 소비자들이 많이 의아해했지만, 지금은 세계 거의 모든 제품들이 우리 방식을 채택하고 있다.

이 Human series는 개발 후 지속적으로 인기를 끌며 현재까지도 국내외에서 가장 선호하는 모델이 되고 있다.

▼ Human series

Zeneer/Zenix series

나는 3~4년 주기로 신제품을 꾸준히 개발했다. 새로 론칭한 제품이 시장에서 좋은 반응을 보인다고 해서 방심했다가는 해외 신제품에 시장을 뺏기는 건 시간문제이기에 긴장을 늦추지 않고 지속적으로 R&D를 해왔다. 신제품이 출시되면 바로 차기 모델 구상에 들어갔다. 소비자가 무엇을 원하는지, 세계적 흐름은 무엇인지, 타사 제품들은 어떻게 흘러가는지 등을 종합하여 차후 신제품에 반영했다.

그동안은 내가 직접 모든 것들을 디자인하고 설계를 해왔었다. 또한 판금으로 기기를 제작하다 보니 디자인의 한계가 있기에 이번에는 금형 사출로 기기 디자인을 해보기로 하였다. 물론 금형비와 사출비는 판금에 비해 초기 투자비용이 몇 배나 들어간다. 금형 사출 디자인은 전문 업체에 의뢰를 해야 되기에 기본적인 콘셉트를 말해주고 차기 신제품을 준비하기 시작했다. 다행히 중소기업을 위한 정부와 서울시 지원금이나 보조금 등이 잘 되어 있기에 어느 정도의 혜택을 받을 수 있었다.

금형 사출을 통해 출시된 제품은 디자인이 어디에 내놓아도 손색이 없을 만큼 멋졌다. 이름은 고민 끝에 'zero(물 중에 오염물질이 제로)'와 'pioneer(선구자, 개혁가)'의 합성어인 'zeneer'로

결정하고 본격적인 마케팅에 들어갔으며, 이 역시 고객들에게
많은 호응을 받게 된다.

　이어지는 후속 모델 'zenix'는 'zero'와 'phoenix(불사조)'의 합성
어로 순수 장비의 완벽함과 시장에서의 선구자 즉, 퍼스트 무
버가 되고자 하는 염원을 담아 이름을 지었다.

▼ Zeneer/Zenix series

Arioso series

　이번에는 조금 더 첨단 장비 개발에 역점을 두었다.

　예전부터 콘트롤러를 터치스크린 방식으로 개발하고 싶었
으나, 터치스크린 자체가 워낙 고가이다 보니, 감히 엄두도 못
내고 있었는데 다행히 중국에서 대량생산으로 단가가 많이
낮아졌다.

　그래서 나는 기기를 터치스크린 방식으로 변경하고 거기에

걸맞은 모든 걸 다시 개발하기 시작했다. 터치스크린 방식으로 메모리 용량을 키워서 기존에는 불가능했던 데이터 이력 등을 저장할 수 있는 메모리 기능 및 다양한 그림 파일을 통해서 기기의 현재 상태를 구체적으로 시각화하는데 중점을 두었다.

그렇게 기기가 개발이 되서 처음 나오는 순간 나는 갑자기 'Arioso'라는 명칭이 강하게 머릿속을 강타했다. 따뜻한 커피와 함께 첼로의 선율이 생각나는 그런 디자인이었다.

Arioso는 '오페라의 아리아보다는 작은 아리아'라는 뜻으로 유명한 Bach의 〈arioso〉라는 곡도 있고, 오페라나 오라토리아 중 레치타티보의 중간이나 끝부분의 짧은 선율을 의미하기도 한다. 아무튼 나는 불현듯 떠오른 명칭으로 이번에는 다른 기기들 작명에 많은 시간을 고민해야 하는 수고를 덜게 되었다.

▼ Arioso series

Smart series

나는 신제품 개발을 위해 1년 365일 고민한다. 그렇다고 스트레스를 받는 게 아니라 그런 구상을 하고 설계하는 게 너무 즐겁고 행복하다. 어떻게 하면 이 세상에 없는 제품을 만들 수 있을까? 뭔가 획기적인 아이디어는 없을까?

언젠가 가족들과 함께 홍콩 여행을 간적이 있다. 호텔에서 아침을 먹고 커피 한 잔을 하려는데, 커피머신이 눈앞에 딱 들어왔다. 순간 "이거다! 이 디자인을 응용해서 신제품을 구상하자" 생각이 들었다. 여행을 마치고 회사로 돌아오자마자 나는 판금 디자인을 통해 신제품 샘플을 여러 개 만들었다. 하지만 원하는 디자인이 나오질 않았다.

그래서 나는 다시 진공 성형 방식을 통해 수차례 시도 끝에 지금의 'Smart series'가 출시되었다. 소프트웨어는 지금까지 세계 어떤 기업에서도 사용하거나 개발하지 않았던 기능들을 구상하여 개발을 시작했다.

사회는 점점 인공지능, AI, Smart 시대로 접어들고 있다. 이에 이번 시스템에는 기존의 방식을 완전히 탈피한 최첨단 기능을 태블릿 PC에 탑재하여 콘트롤러로 대체하고, 소비자들이 편하고 안전하게 시스템 관리를 할 수 있도록 동영상, 이미지 파일들을 콘트롤러에 내장시켰다. 또한 Auto Sensor Cali-

▲ Smart series

bration, Water leak sensor를 개발·보완하고, 생산되는 초순수
의 상태에 따라 LED 빛이 변하는 기능 역시 세계 최초로 개
발함으로써 혁신적인 구동 방식을 통해 시스템을 제어할 수
있게 되었다. 더불어 데이터 저장과 출력을 모두 wireless 방식
을 채택했고, 콘트롤러의 구동은 블루투스 방식으로 원격제
어가 가능하게 함으로써 보다 혁신적인 시스템을 완성시켰다.
또한 순수제조 장치를 사용하다 보면 각종 필터들의 수명이
있어서 교체를 해야 하는데 모든 필터들의 잔여시간이나 교
체 시점을 시각화해 설계 했으며, 교체방식 등은 모두 동영상
으로 디스플레이 되도록 구상하였다.

　이는 국내뿐 아니라 2024년 6월에 독일 프랑크푸르트에서
3년마다 개최되는 세계 최대의 쇼인 'achema 전시회' 출품을
타깃으로 개발된 시스템이기도 하다.

Water Purification System이란?

원수 중에 녹아있는 다양한 오염물질들을 Physical 또는 Chemical적인 방법으로 제거한 후에 실험 목적에 부합하는 물을 생산하는 System이라 할 수 있다. 물에는 여러 종류의 물질들이 녹아있다. Particles, Dust, 유기물, 이온성 물질, 미생물, Hardness, Pyrogen 등이 있다. 이러한 성분들 중 부피가 있는 물질들은 0.0001~0.001 micro meter의 막 분리 필터링을 통해 물리적 제거를 하게 되고, 이온성 전하를 갖고 있는 물질들은 화학적 방식을 통해 제거를 해야 한다.

또한 실험 목적에 따라 필터링의 방식들이 달라지게 된다. 일반 분석기기(AAS, ICP, IC 등) 사용을 위한 시스템. HPLC, TOC 분석을 위한 시스템. 이 시스템을 운영하기 위해선 원수 중에 녹아있는 TOC(Total Organic Carbon)를 완벽히 제거해야 하는데 이때는 185nm인 오존영역에서 Chemical 방식으로 오염물질을 제거해야 한다. 전기영동, Cell & Tissue Culture 같은 실험을 위한 시스템. Molecula biology, DNA/RNA 분석을 위한 시스템 등.

위와 같은 분석들은 극도로 민감하고 정밀성을 다루기에 물이 오염되기라도 하면 분석 Data에 심각한 영향을 미치게 된다. 또한 원수의 형태가 장소, 지역, 나라마다 천차만별이라 모든 변수에도 소비자가 원하는 초순수(Ultra Pure)를 생산할 수 있도록 시스템 내 필터들을 개발해야 하고, 이를 효과적으로 제어할 수 있는 프로그램, Operating 방식 등이 개발되어야 하고, 초순수 생산을 위한 다양한 센서(Conductivity, Resistivity Sensor, 압력 센서, 누수 센서, 온도 센서 등) 개발과 필터 오염에 따른 교체시기를 감지하여 알려주는 기능들이 같이 연구 개발 되어져야 한다.

또한 생산되어지는 초순수의 오염 및 미생물 증식을 막기 위한 무균적 소재 및 방법들의 개발이 요구되어 진다. 특히 초순수는 극도로 민감하기에 공기 중에 노출되는 순간 오염이 시작되므로 오염 없이 바로 실험에 사용될 수 있게 Circulation Dispenser도 개발이 되어야 한다. 그러다보니 시스템 개발을 위해서는 Chemical, 전기, 전자, 기구 설계 지식들이 요구되어지기에 개발의 어려움이 항상 존재한다.

이러한 초순수를 생산하기 위해선 원수를 1차 필터링을 하는 시스템 그리고 1차 필터링된 순수(Pure Water)를 다시 정제하여 초순수를 생산하는 2차 시스템이 요구되어지는데 초순수에는 그 어떤 극미량의 오염물질이 있어서는 절대 안된다.

우리가 세계 최초 개발한 2 in 1시스템은 원수에서 바로 초순수를 어떤 오염 없이 직수 타입으로 생산할 수 있는 시스템을 말한다.

이러한 노력과 제품 개발로 자회사 제품은 한국 우수 제품으로 선정되어 인도, 중국 국제 전시회에 참석하기도 하였으며 산업부장관, 대통령 직속 중소기업 특별상, 100대 우수 특허제품 수상 및 수출 유망 중소기업으로 선정되었다.

배신과 위기

섣부른 배려가 초래한
배신과 위기의 순간들

지난 30년을 돌아보면, 사업을 하면서 '배신'과 '위기'는 늘 주위에 도사리고 있었던 것 같다.

세상사 호사다마(好事多魔)라 했던가? 사업도 마찬가지로 좋은 일도 많았지만 그만큼 탈도 많았던 것 같다.

누구나 인생을 살다보면 기회도 있지만 때론 믿었던 사람에게 배신을 당하기도 하고, 앞날이 캄캄할 정도로 위기에 처하기도 한다. 그러나 기회를 영원할 것처럼 맹신해서도 안되고, 위기가 왔다고 너무 실망할 필요도 없다고 생각한다. 늘 현실을 직시하고 냉철한 판단력과 객관적 이성을 갖는다면 위기는 기회로, 기회는 더 큰 기회로 만들 수 있을 것이다.

지난 30년간 사업을 해오면서 겪었던 '배신'과 '위기'의 순간들을 정리한다. 아마 사업을 하다보면 이러한 일들을 겪게 될 수도 있으니 참고해서 슬기롭게 헤쳐 나가길 바란다.

직원들의 배신

사업 초기에는 자사 제품 홍보 및 판매로 하루 24시간이 모자라게 전국 방방곡곡을 중고차로 정말 부지런히 다녔었다. 1년 내내 휴가도 없이, 눈이 오나 비가 오나 오로지 회사를 안정시키기에 온 힘을 쏟아 부었다.

회사가 조금씩 기반이 잡히면서 직원들도 더 채용해야 했다. 그러나 지금도 그렇지만 우리 쪽 업계의 직원을 새로 채용한다는 건 결코 만만한 일이 아니었다. 정말로 직원을 새로 채용하는 것이 너무 너무 어렵다.

언론에서는 요즈음 청년들이 취업할 때가 없어서 부득이 아르바이트만 해야 하고, 3포(취업, 결혼, 자녀 포기)시대가 됐다면서 청년들의 일자리를 만들자고 매일 떠들어 댄다. 그러나 내 주위의 중소기업 사장들은 사람을 못 구해서 아우성이다. 사람이 없어서 가동을 못할 정도라는 것이다. 설령 신입직원들이 들어와도 현실과 동떨어진 연봉, 복지, 근무조건들을 제시하고 마음에 안 들면 바로 퇴사해 버린다. 청년들이 갈 곳이 없는 게 아니라 일에 대한 기대심리가 너무 커서 만족하지 못하고 취업을 꺼려하지 않나 싶다.

기업은 구인 난, 청년은 구직 난. 이런 악순환이 지속적으로 반복되다 보니 이건 분명히 정부 차원에서 강력하게 해결하지 않으면 안 될 문제라 생각이 든다.

몇 차례 채용공고를 냈지만 마땅한 사람이 없었다. 그래서 혹시나 직원들 주변에 괜찮은 사람이 있는지 물어보니 몇몇 직원들이 지인을 추천해 주었다. 그런데 그 이력을 살펴보니 대부분 사업을 하다 망한 사람, 비디오가게를 하다 망한 친구, 별다른 직장 없이 떠도는 동기, 학교나 고향 선후배들이었다. 나는 딱히 마음에 들지는 않았지만 당장 직원도 필요하고, 한편으로는 직원들과 지인인 관계에서 측은지심도 생기고 해서, 하나 둘 채용을 하기 시작했다. 그러다보니 어느새 조직이 선후배 관계로 구성이 되어 버렸다.

그렇게 조직을 구성하고 나는 서로 도와가며 회사를 함께 성장시켜 나가자는 의미에서 자사 주식을 직원들에게 스톡옵션으로 일부 무상증여를 해주었다. 그때가 사업을 시작한지 4~5년 정도 됐을 때였다.

하루는 지방 출장을 갔다가 밤 10시쯤 회사로 돌아왔는데, 사무실 불이 모두 환하게 켜져 있었다. 나는 속으로 "직원들이 밤늦게까지 열심히 하네"라고 흐뭇하게 생각하면서 사무실로 들어갔다. 그런데 분위기가 왠지 심상치 않았다. 직원들이 모두 굳은 표정으로 회의실에 앉아 있었다. 한 직원이 나에게 오더니 회의실에서 할 말이 있다고 했다. 나는 직원들에게 이 늦은 시간에 무슨 일이냐고 했더니, 서로 얘기가 끝난듯 "우리 모두 퇴사하기로 했다"며 "본인들 앞으로 주식이 있으니, 회사 자산을 그 비율만큼 돈으로 달라"는 거였다. 그러면서 "만약 그렇게 해주지 않으면 본인들 소유 주식으로 실력행사를 할 것"이라고 협박을 하는 것이었다.

그 말을 듣고 나는 너무 황당하고 분노가 치밀어 올랐다. 할 일이 없어 백수로 지내는 게 안쓰러워 구제해 주었더니, 이제 와서 회사를 상대로 실력행사를 하겠다는 거 아닌가. 배은망덕도 유분수지, 정말 사람들이 어떻게 이럴 수 있는지 한숨만 나왔다.

나는 당시에는 배당주식에 대한 처리 방법을 잘 몰랐다. 회사의 주당가치를 평가해서 그 부분만큼만 지불하면 끝인데, 그때는 그 내용을 잘 모르다보니 직원들이 말한 대로 회사 자산을 보유한 주식 비율로 나눠주면 회사 문을 닫게 되는 게 아닌가 걱정이 됐다.

나는 일단 알았다고 하고, 이틀 후에 다시 미팅을 하자고 하고 퇴근을 했다. 집에 돌아가는 길이 정말 씁쓸했다. 어떻게 사람들이 그럴 수 있는지 화도 나면서, 한편으로는 다 그만두면 사업은 어떻게 해야 하나 걱정도 됐다. 말 그대로 사면초가에 빠진 상황이었다.

집에 돌아와 나는 마음을 가다듬고 다시 생각했다. 이미 직원들의 마음이 돌아선 상황에서 이번 기회에 썩은 뿌리를 완전히 잘라내고 전화위복의 기회로 삼아야겠다고 말이다. 위기는 곧 기회라고 하지 않았던가. 지금의 위기가 또 다른 기회가 될 거라고 스스로에게 다짐을 했다. 또한 "새 술은 새 부대에 담아야 한다"는 것이 나의 신념이기도 했다. 이 말은 사업하는 사람들이 깊이 새겨야 할 진리라 생각한다.

나는 다음날 변호사 사무실에서 쓰는 대봉투를 하나 준비해 그 안에 신문지를 채워놓고 봉인을 했다. 그리고 그 봉투를 갖고 이틀 후 약속한 미팅을 시작했다.

서로 좋을 리 없는 분위기에서 나는 준비해온 대봉투를 테이블 위로 던지고는 "내가 변호사랑 상담을 했는데 무상증여 지분에 대해서는 퇴사시 지급할 의무가 없다고 하고, 또 지분을 받은 직원은 '이사'로 분류가 되기 때문에 퇴사할 때 별도의 퇴직금을 지급하지 않아도 된다고 했다"고 전했다. 그러면서 "어찌됐든 그동안 일한 것도 있고 하니 순순히 지분을 회사에 넘기고 퇴사를 하면 퇴직금에 더해 최대한 돈을 지급해주겠다. 못 믿겠으면 봉투 안에 소송을 위한 서류가 있으니 확인해 보라"고 승부수를 던졌다.

그러자 직원들이 서로의 얼굴을 쳐다보며 웅성거리기 시작했다. 나는 1시간 후에 다시 올 테니 그때까지 결론을 내라고 하고 자리를 떠났다. 그렇게 밖으로 나와서 서성이는데 그 1시간이 왜 이리도 긴지 초조하고 불안했다. 혹시라도 그 봉투를 뜯어보면 바로 들통이 날 텐데 그 다음은 어떻게 해야 하나 머릿속이 복잡했다. 하지만 나에겐 이게 최선의 방법이었다.

1시간 후 다시 회의실로 가보니 다행히 봉투는 그대로 있었다. 직원들은 결론을 낸듯 "지분은 모두 넘길 테니 퇴직금과 함께 위로금조로 돈을 더 달라"는 거였다. 사실 이렇게 집단 퇴사를 하면서 무슨 위로금을 얘기하는지 정말 이해는 안 갔지만, 하루 빨리 정리를 하고 새로 시작하기로 마음먹은 나는 직원들이 해달라는 대로 돈을 주고 모두 퇴사를 시켰다.

그 일 이후로 나는 절대 회사 지분을 남에게 증여하지 않기로 했다. 간혹 사업 초기에 주인정신을 갖자며 직원들에게 지분을 공여하는 사장님들이 있는데 적극 만류하고 싶다. 또 아무리 직원이 급하게 필요해도 절대로 학교, 고향 선후배 등 지인들을 채용하지 않게 되었다.

난 집단사퇴 및 지분배상 요구시 사실 암담했었다.

어떻게 해결을 해야 할까? 고민하던 중 불현듯 옛날에 있었던 사건 하나가 떠올랐다.

"그래 정공법으로 가자!"

대학 1, 2학년 즈음 여름 방학 때 우리 친구들은 남해 외딴 섬인 ○○도에 놀러 간 적이 있었다. 그 당시는 알려지지도 않았던 섬이었고 워낙 외지라 관광객들이 찾지 않을 때였다.

당시 우리 친구 중 한명의 친척이 ○○도에 있는 초등학교 선생님으로 근무 중이었고 여름방학 때 학교 교실에서 숙식을 허락해 주어서 그곳으로 가게 된 것이었다.

학생들이 가기에는 꽤나 머나먼 장소였다. 교통편도 마땅치 않아, 그야말로 기차타고, 버스타고, 배타고, 걷고 하면서 어렵게 섬에 도착해서, 우리가 묵을 초등학교에 드디어 도착하게 됐다. 초등학교는 바닷가 근처 자그마한 어촌마을에 있는 아주 작은 학교였다.

우리가 교실 한켠에 짐을 풀고 있으니 근처 청년들이 찾아와서 서로 반갑게 인사를 나누게 되었다. 순박하게 생긴 청년들은 여기서 고기를 잡으면서 생활하는 어부들이었다.

우리는 같이 어울리면서 축구도 하고, 그들의 배로 고기도 잡으러 다니면서 즐거운 시간을 보내고 있었다. 그런데 어느 날부턴가 우리 짐이 하나둘씩 없어지는 게 아닌가?

당시 수돗물은 교실 밖 외부에 설치가 되어 있어서 우리는 버너, 코펠, 기타 장비류들을 수돗가 옆에 놓고 교실에서 잠을 잤는데, 아침에 일어나 나가보니 우리 집기류들이 하나둘씩 없어지는 게 아닌가? 하루는 코펠, 하루는 버너 급기야는 우리가 제일 애지중지 아끼던 올림푸스 카메라까지 없어 졌다. 이 카메라는 25회짜리 필름을 넣으면 50회까지 사진을 찍을 수 있는 카메라로 당시 대유행했던 카메라였다. 우리들한테 카메라는 값비싼 장비이기에 더 이상 묵과할 수 없어서, 동네 청년부를 찾아가서 청년부 회장을 찾았다.

때마침 청년부 회장은 방학을 맞아 섬으로 돌아온 상태였다. 청년부 회장은 육지에서 신학대학을 다니는데 여름방학 기간이라 고향인 ○○도로 와서 방학을 보내는 중이었다.

우리는 그간 있었던 도난 사건에 대해서 말을 하자, 그 회장은 알겠다고 하면서 오늘 저녁 우리 모두와 청년부 모두 학교에서 만나기로 하고 헤어졌다.

그날 저녁 우리 모두는 교실에 둥그렇게 둘러앉았다. 그러자 청년부 회장이 입을 뗐다.

요사이 있어서는 안 될 불미스러운 사건이 발생 됐다. 이 사건은 외지에서 온 손님에게 너무나 큰 실례고 이 섬에서도 수치스러운 일이니 범인은 내가 꼭 잡겠다는 거였다.

그러더니 모두 눈을 감으라고 한 후에 한사람씩 돌아가면서 손으로 사람의 심장을 대보기 시작했다. 그리곤 모두 눈을 뜨라하고는 내가 각자의 심장에 손을 대보고 나니, 누가 범인인지 바로 알겠다고 하면서 나는 신학을 공부하는 학생이고 하나님의 말씀을 들을 수 있는 사람이다라고 말을 하고는, 내일 새벽 5시까지 수돗가에 훔친 물건을 갖다 놓으면 없었던 일로 하겠지만, 그렇지 않을 경우 이름을 공개하고 동네에 모두 알려 망신을 줄 테니 알아서 해라. 단 여기 있는 모든 사람은 6시까지는 절대 수돗가 근처에도 가지 말아라. 그래야 범인이 누가 볼까 조바심 없이 훔친 물건을 갖다 놓을 수 있으니….

우리는 반신반의 하면서 다음날 새벽 6시경 수돗가에 나가 보니, 헐! 그동안 없어졌던 코펠, 버너, 카메라까지 모두 갖다 놓은 게 아닌가. 순박한 청년들에게 회장의 말이 먹힌 거였다.

그만큼 착한 사람들인데 외지에서 온 우리 물건들이 신기했던지 잠깐 이성을 잃고 그런 행동을 하지 않았나 싶었다. 우리 역시 모두 없었던 일로 하고, 나머지 일정을 그 친구들과 함께 어울리면서 즐겁게 피서 일정을 마쳤다.

난 직원들이 집단 사퇴서를 제출하면서 말도 안되는 금액들을 요구하자 갑자기 위에 일들이 생각나면서, 그때 청년부 회장이 정공법으로 나갔듯이 나도 정공법으로 가자라고 결심을 하게 된 것이다.

회사차는 내꺼야(영업부)

집단 퇴사를 한 직원들 중에는 영업부 직원도 있었는데, 이 직원이 퇴사하면서 회사차도 가져간 것을 며칠이 지나서 알게 됐다.

이 직원은 영업부에 입사할 당시 아내 명의로 구매한 승용차로 출근을 했었다. 그래서 나는 "영업부 직원들에게는 회사 차가 지급되니 자차를 이용할 필요 없다"고 말해주었다. 그러자 그 직원이 하는 말이 "사실은 차 할부금을 이제 한번 밖에 안 냈는데, 너무 부담스러운 상황이라 혹시 가능하다면 회사에서 이 차를 인수해주면 좋겠다"고 간곡히 부탁을 하는 것이었다.

나는 사정이 딱해 보이기도 하고 해서, 차 계약금과 할부금을 돌려주고 회사가 인수하기로 했다. 그런데 명의를 회사로 변경하려 하자, 그 직원이 "아내는 이 일을 몰라서 나중에 서운해 할 수 있으니 명의는 아내 앞으로 그대로 놔두면 안되겠냐"고 부탁하는 것이었다. 난 별로 문제가 되지 않을 것 같아 그럼 그렇게 하자고 하고는 명의를 그대로 뒀다.

그리고 시간이 흘러, 그 직원이 퇴사를 하게 된 것인데, 회사에 말도 없이 그 차를 가져가 버린 것이었다. 난 하도 어의가 없어서 당장 전화를 걸어 반납을 하라고 말했다. 그러자 그 직원이 오히려 나에게 험한 말을 하는 게 아닌가? 난 하도 기가 차서 당장 차를 갖고 오지 않으면 법적으로 대응하겠다고 말하고 전화를 끊어버렸다. 그러자 이번에는 아내 분한테서 전화가 걸려왔다. 역시나 다짜고짜 험한 말을 하며 왜 자기네 차를 가져가느냐며 언성을 높였다. 부부가 어떻게 이렇게도 똑같은지, 둘 다 도저히 말이 안 통하는 사람들이었다. 사정이 딱해 보여 회사차로 인수해서 그동안 할부금도 다 냈는데, 이제 와서 명의가 아내 앞으로 되어 있으니 당연히 자기네 차라고 우기는 모습이 정말 어의가 없었다.

난 이 일로 또 하나를 배웠다. 섣부른 배려는 또 다른 오해의 불씨가 된다는 것을 말이다.

회사차는 내꺼야(기술부)

영업부 직원과 같은 고교 선후배 사이라 그런지 똑같은 일이 반복 됐다. 기술부로 입사했던 이 직원도 입사시 본인이 승합차를 구입했는데 할부금이 부족하다고 하면서 회사에서 인수를 해달라기에 명의는 변경하지 않고 차량을 인수해서 잔금 모두를 회사에서 처리해 주었더니 퇴사시 자기 차라고 갖고 가는 게 아닌가. 서로 입을 맞췄나 싶다.

우리 회사는 분석기기 제조를 기본으로 시작한 회사다. 그런데 기술부 직원들이 모두 사표를 쓰고 나갔으니 발주 받은 장비 제작에 비상이 걸린 상태였다. 그래서 급하게 신입사원을 충원 했지만 인수인계가 안 된 상태에서 기기를 제작하는 것은 불가능한 일이었다.

그래서 사표를 낸 기술부 직원에게 퇴사 전에 신입사원에게 인수인계를 모두 해주면 내가 승합차를 무료로 주겠다고 약속을 하고 인수인계를 받게 했다.

간신히 신입사원에게 인수인계를 받게 하고 나는 억울했지만 승합차를 내주어야 했다.

인생사를 그런 식으로 살면 언젠가 그것이 본인의 화로 자초됨을 모르나 보다. 비록 불교 신자는 아니지만 인간의 삶은 業報(카르마)의 연속임을 모르나 보다.

신입사원의 퇴사

집단 퇴사 여파로 직원은 부족하고 사업은 유지해야 하고, 정말 힘든 시간을 보냈다. 특히 기술부 직원들이 모두 퇴사를 하면서 이미 발주 받은 장비들의 제작에 비상이 걸렸다.

부랴부랴 신입사원을 일부 충원했지만 제대로 인수인계가 안 된 상태에서 제작을 하다 보니 여기저기서 문제가 터져 나왔다. 그때 정말 하루 24시간이 부족할 정도로 너무 힘든 시간을 보냈다. 그래도 신입사원을 하나둘 늘려가며 회사는 더디지만 조금씩 안정을 찾아갔다. 그런데 신입사원을 뽑은 지 얼마 되지 않아, 기술부에 한 신입사원이 말도 없이 출근을 하지 않았다. 나는 이번에도 왠지 감이 좋지 않아서 바로 전화를 했다. 하지만 역시나 전화를 받지 않았다. 얼마나 많이 전화를 했는지 지쳐갈 때쯤 전화를 받았다. 왜 출근을 안 하냐고 하니, 한다는 소리가 창원에 있는 회사에 취업을 해서 지금 창원에 가고 있다는 것이다. 그러면서 하는 말이 "어제까지 잔여 임금을 입금시켜 달라"는 것이었다.

이직을 하는 것은 좋다. 하지만 최소한 회사에 통보는 해야 하는 게 아닌가. 나는 너무 화가 나서 그 직원에게 한마디 했더니, 오히려 노동부에 고소하겠다며 큰소리를 쳤다. 난 신고를 하든 마음대로 하라고 하고는 잔여 임금을 받고 싶으면 직접 와서 받아가라고 말하고 전화를 끊어버렸다. 가뜩이나 기술부에 직원이 모자란 상황인데 이 신입사원까지 이직을 했으니 또 막막했다. 당장 그 직원이 제작하던 장비를 납품해야 하는데, 하는 수 없이 난 그렇게 또 혼자 장비를 만들기 시작했다.

나는 이 일로 또 하나의 교훈을 얻었다. 사업을 하면서 그동안은 인건비를 절약하기 위해 무조건 최소 인원으로 운영을 했었는데, 앞으로는 예기치 못한 인원 결손에 대비해서 조금 더 여유 있게 직원을 두고 운영하기로 방침을 세우게 됐다.

믿었던 직원의 배신

사업 초기에 지인의 소개로 입사한 영업부 직원이 있었다. 아무래도 사업 초기다보니 이것저것 제대로 갖춰지지 못한 상황에서 나름 고생도 많이 하고, 일도 열심히 해줘서 그 누구보다 고마운 마음과 믿음이 컸던 직원이었다.

그래서 나는 그 직원에게 일정 부분 권한과 책임을 주고 일을 하도록 했다. 그런데 어느 날부터 그 직원이 장비 제조에 쓰이는 자재나 소모품 등 재고를 말없이 가져간다는 얘기가 계속 들려왔다. 나는 처음에는 설마 했지만, 계속 이런 얘기가 나오다보니 그 직원을 유심히 관찰하게 됐다. 그런데 이상한 점이 한두 가지가 아니었다. 거래처에서는 분명히 현금 결제를 했다고 하는데 회사로 입금되는 것은 처음 듣는 문방구 어음들로 수금이 되기도 했고, 자주 외근을 나갔는데 업무량에 비해 외근시간이 지나치게 길 때가 많았다.

나는 설마하면서도 안되겠다 싶어 몇 군데 거래처에 확인을 해보니, 설마 했던 일들이 모두 다 사실이란 걸 알게 됐다. 본인 명의로 사업체를 내서 회사 물품을 빼돌려 파는가 하면 거래처에서 받은 현금 결재를 문방구 어음으로 바꿔서 회사에 입금하는 등 상상 이상의 부정행위를 저지르고 있었던 것이다. 이 모든 사실을 알고 나서 나는 너무 충격을 받았다. 정말 믿고 맡겼는데 어떻게 이렇게 뒤통수를 칠 수 있는지 너무 화가 났다. 그 다음날 그 직원을 불러 사실을 추궁하자 오히려 "내가 뭘 그렇게 잘못했냐?"며 뻔뻔하게 대꾸를 하는 것이었다.

적반하장도 유분수지. 믿었던 직원의 배신. 이럴 때 나는 사업에 대한 회한이 남는다.

믿을 놈 하나 없다

회사 대리점 중에서 대전에 있는 대리점과는 개인적으로 친분이 있어서 자주 단합대회도 가지며 매우 돈독하게 지냈다. 직원들도 서로 자주 만나다보니 친분이 쌓여 편하게 연락도 주고받는 사이가 됐다. 그러던 중 대전대리점 직원이 수원으로 올라와 독립을 하게 됐다. 우리 회사와 같은 분야로 사업체를 차린 것이다. 아무래도 사업을 처음 시작하면 어려운 점이 많기 때문에, 나는 자리 잡을 때까지 결재, 영업, 마케팅 등을 적극 협조해주기로 했다. 정말 내 일처럼 열심히 도왔다.

그렇게 그 회사도 안정이 되고 해서 사적으로도 친분을 이어갔지만 사업 활동에 대해서도 서로 공유하며 교류를 이어 갔다. 우리 회사와 단합대회도 하고 종종 개인적으로 소주도 한잔 하면서 친동생처럼 지냈다.

그러던 어느 날 소주 한잔 하자며 연락이 와서 저녁을 같이 하게 됐다. 뭔가 할 말이 있는가 싶어 소주 몇 잔을 나누고 물어보니, 잠시 주저하더니 하는 말이 "우리 회사 기술부 직원을 데려다가 우리가 제조하는 순수·초순수 시스템을 개발해서 판매를 시작하기로 했다며 나보고 이해를 해 달라"는 것이었다. 한마디로 우리 회사의 고유 기술을 도용해서 제품을 만들었다는 것이다. 직원들과의 친분을 이용해 나 몰래 기술을 빼돌려 놓고 이해를 해 달라! 나는 그 순간 피가 거꾸로 솟는 느낌을 처음 받았다.

수원에 사업체를 차렸다며 도와달라기에 정말 친동생처럼 여기고 도와줬건만, 어느 정도 먹고 살만하니 이렇게 뒤통수를 친단 말인가. 정말 너무 화가 나서 이러다 진짜 사고가 날 것 같아, 나는 치솟는 분노를 참으며 자리를 박차고 나왔다.

그때의 허무함과 배신감은 말로 표현할 수 없을 정도로 컸다. 남의 눈에 눈물 나게 하면 자기 눈에는 피눈물이 나게 될 것이라는 것을 정말 모르나. 인생 그렇게 살면 안 된다.

대금 결제 안 해주면 망합니다

지금은 30대 그룹이 된 ○○그룹이 25년 전에 식품사업에 뛰어들기 위해 공장을 신축할 때였다. 신축 사업은 약 300억 정도 규모였는데 자금 공급에 차질이 생긴 것 같았다. 설상가상으로 기존 사업체의 부진으로 건설, 토목, 자재들의 결재가 밀리게 되면서 이 회사에 제품을 납품한 업체들이 대금을 받지 못하는 상황이 되었다. 나 역시 연구실 세팅에 들어간 자금이 묶이게 되었다. 연구설 전체를 턴키로 진행했기 때문에 나에겐 무척 큰 금액이었다. 그룹 자금담당자와 몇 차례 미팅도 했지만 기다리라는 말만 반복됐다. 항간에는 그룹이 자금 사정으로 부도를 맞을 수 있다는 말도 돌았다. 혹시라도 부도를 맞게 되면 나에겐 정말 치명적인 손해가 발생한다는 불안감에 하루하루 힘든 시간을 보내고 있었다. 특히 납품 대금을 받는 것도 문제였지만, 납품한 기기들 대부분이 신용으로 매입한 것들이라서 기간 내에 해당 업체들한테 입금을 해야 하는 절박한 상황이었다.

나는 기다리다 못해 일단 법정소송을 신청하고, 무작정 그 회사로 달려갔다. 사실 소송에서 이긴다고 해도 민사 건은 돈을 받기가 쉽지 않을뿐더러, 소송 결과가 나오기까지 긴 시간을 버틸 여유도 없었다. 나는 회사에 도착해 곧바로 회장실로 향했다. 회장실 앞에는 건장한 남자 직원 2명이 비서로 있었다. 내가 지금 결재 때문에 회장을 만나러 왔다고 하니, 그 비서가 선약을 하지 않으면 만날 수 없을뿐더러, 지금은 회장이 출타 중이니 돌아가라는 것이었다. 그래서 그럼 회장이 올 때까지 회장실에서 기다리겠다며 들어가려고 하자, 안 된다며 저지하기 시작했다. 그렇게 서로 몸싸움을 하다 나는 2명을 재치고 회장실 문을 박차고 들어갔다.

출타 중이라던 회장이 앉아 있었다. 그는 갑자기 나타난 나를 보고 당황하며 어디서 왔냐고 묻기에 '휴먼코퍼레이션'에서 왔다고 하니, "아 나를 고소하신 분이구나"고 퉁명스럽게 내뱉었다. 그리고는 "나 돈 못주니깐 납품한 분석기기 다 가져가세요"라는 게 아닌가. 나는 뭐 이런 사람이 있나싶어 거기서 한바탕 언성을 높이며 입씨름을 했다. 그렇게 20분쯤 지났을까, 계속 입씨름만 하다가는 답이 나오지 않을 것 같아, 그 회장에게 소파에 앉아서 다시 얘기 좀 하자고 했다. 그러자 그 회장도 내 앞에 앉기에 나는 다시 숨을 고르고 차분하게 말을 이어 갔다.

당시 나는 J신문을 구독하고 있었는데 공교롭게도 전날 이 회사와 회장에 대한 기사가 2면에 걸쳐 실렸었다. 많은 고난과 어려움을 극복한 자수성가의 본보기라며 회장의 일대기를 다

룬 기사였다. 나는 회장에게 "어제 신문에 실린 기사를 읽었다. 젊은 시절 수많은 고충과 역경을 이겨내고 성공한 내용을 보면서 정말 감동을 받았다. 나도 가진 게 없다보니 시골 어머니 집을 담보로 대출받아 이제 막 사업을 시작했다. 사업 초기의 어려움과 눈물 날 만큼의 고충을 회장님은 잘 알지 않느냐? 여기서 내가 무너지면 시골에 계신 홀어머니는 길바닥에 나앉는다. 그러니 오늘 어떻게든 결재를 받아가야 살 수가 있다"라고 꽤 오랫동안 이런저런 얘기를 했다.

이런 나의 얘기를 쭉 듣던 회장은 물끄러미 나를 쳐다보더니 "미안하게 됐다"며 바로 비서를 호출해 지금 바로 대금 전액을 어음으로 결재해 주라고 전했다. 아마 자신도 처음 사업할 때의 어려움을 잘 알기에 이렇게 결재해주지 않았나 싶다.

만약 이때 대금을 제대로 받지 못했다면 아마도 사업을 접어야 했을 것이다. 정말 위기의 순간이었고, 그렇게 해서 나는 또 한 번의 큰 고비를 넘겼다.

장비 누수로 인한 폐업 위기

정부 산하기관 중에 대전에 있는 국가기록보존소에 대용량 Pilot system이 납품된 적이 있었다. 국가기록보존소는 고문서를 보관·복원하는 곳으로 복원할 때 초순수가 필요해 우리 장비가 납품된 것이다. 납품을 마치고 얼마나 지났을까, 휴일 저녁에 보존소 직원에게 전화가 걸려왔다.

"장비에서 밤새 누수가 발생하여 각종 문서는 물론 사무용품, 아래층까지 물바다가 되어 큰일 났다"는 것이었다. 나는 곧장 대전으로 내려갔다.

나는 누수로 인한 피해 상황을 살펴보고, 우선 담당자에게 죄송하다고 말씀드리고 이유 불문하고 전액 피해보상을 해드리겠다고 약속했다. 그러자 담당자는 "이 문서들은 돈으로 환산할 수 없는 것들이고, 또 컴퓨터에 모든 문서가 저장되어 있는데 만약 컴퓨터까지 손상이 됐으면 그 피해액이 상상을 초월할 것이다"며 어쩔 줄 몰라 했다. 나는 순간 온몸에 소름이 끼치면서 다리에 힘이 풀렸다. 종종 비슷한 누수로 문제가 된 적이 있었지만 이번에는 차원이 달랐다.

나는 일단 지금은 빨리 문서들과 컴퓨터를 복원하게는 시급하다고 말하고 바로 복원 작업에 들어갔다. 그렇게 1주일을 대전에 머물면서 장비를 재정비하고 파손된 컴퓨터와 사무용품들을 모두 교체해 주었다. 천만다행으로 고문서들과 컴퓨터에 저장되어 있던 자료들도 대부분 복원이 되었다. 물론 일부 손실된 자료들과 문서들에 대한 보상으로 큰 손해가 발생했지만, 그래도 이만하면 다행이란 생각으로 회사에 복귀했다.

그 당시에 만약 문서들과 컴퓨터가 복원되지 않았다면 아마도 회사 문을 닫는 것도 모자라 빚더미에 허덕였을 것 같다.

당시 납품된 순수 장비의 내부 구조를 자세히 살펴보니 누수가 생길 수 있게 조립이 된 것을 볼 수 있었다. 그래서 회사로 돌아와 담당자에게 물어봤다.

"자네는 이 장비를 이렇게 만들면 누수가 발생돼서 엄청난 피해가 올 수 있다는 생각을 안 해 봤냐?"라고. 그러자 그 직원이 "그럴 것이라 예상을 했다"는 것이다.

그래서 나는 그럴 줄 알았다면, 나한테 말해서 개선을 해야 된다고 왜 말하지 않았냐 하니, "원래 처음부터 그렇게 배웠어요"라고 하는 게 아닌가. 어떻게나 화가 나는지.

제품이라는 것이 처음부터 완벽할 수가 없기에 만들어 가면서 지속적으로 문제점들을 찾아 개선을 해나가야 한다. 또한 시장에서의 제품에 대한 Feed back을 참고로 소비자가 만족할 수 있게, 아니 더 나아가 감동받을 수 있게 개발하고 업그레이드를 하지 않으면 시장에서 자연스럽게 도태 될 수밖에 없음을 절대 잊어서는 안되는 것을…. 그러기 위해선 전사적으로 한마음 한뜻이 되지 않으면 안 된다.

담당자들은 제작을 하다가 발생 가능한 하자가 보이면 그때그때 제안을 해서 개선을 해야지 기기도 업그레이드되고 회사도 발전하게 된다. 그런 것들이 모여야 우리 회사의 노하우가 되는 것이고, 그래서 더욱더 완벽한 기기를 만들 수 있는 것이다.

나는 담당자에게 옛날과 똑같이 만들면 무슨 발전이 있겠냐고, 누가 봐도 상식이고 찾아진 문제점을 개선을 할 수 있는 능력과 의지가 필요한데 주어진 대로, 배운 대로 아무 생각 없이 기계처럼 일만 하면 무슨 발전이 있겠냐고 또 잔소리 아닌 잔소리를 하게 됐다.

회사 대표는 항상 긴장을 놓쳐서는 안 된다. 회사의 발전은 대표의 긴장감에서 비롯됨을 절대 잊지 말아야 할 것이다.

그렇게 사후 처리에 최선을 다한 모습에 믿음이 갔던지 판교지점에도 발주를 받아 납품을 했고 지금까지도 잘 사용하고 있다.

친구의 배신

피·땀 흘려가며 정말 어렵게 사업을 시작하여 자리를 잡아갈 때 즈음인 2000년초 벌어논 돈의 대부분을 사기 맞게 되는 비참한 사건이 발생된다. 그것도 친구라고 믿었던 인간한테서 무참히 배신을 당했다.

결코 잊을 수도 용서할 수도 없는 사건이지만, 정작 당사자는 죄의식 하나 느끼고 있지 않는듯 싶다.

한 많은 사연을 모두 적기에는 내가 너무 비통함을 느껴 이 정도에서 마칠까 한다.

돈 앞에서는 친구, 우정, 믿음이라는 것이 그저 허울 좋은 쓰레기라는 것을 뼈저리게 느끼면서 사람의 추악함이 어디까지 변할 수 있는지를 알게 된 사건이었다.

누구나 인생을 살다보면 결코 피해갈 수 없는 절망적 위기는 필연적으로 오게 되어 있다.

그것 역시 나의 Karma(업보)라 생각하며 절망보단 현명한 대처로 전화위복이 되는 인생을 살기 바란다.

과연 독자들 주위엔 존중과 신뢰를 할 수 있는 그리고 슬픔과 기쁨을 특히 기쁜 일을 진심으로 공유할 수 있는 친구가?

중국 협력사의 배신

나는 순수제조장비를 국산화 시키면서 국내 시장은 물론 중국 시장에 관심을 갖고 비즈니스를 물색하고 있었다.

당시 우리나라와 수교 직전이라 우리나라와의 교역이 그다지 활발하지 않았을 때였지만, 당시 중국은 국제화에 편입이 되면서 무섭게 성장을 할 때였다.

기초과학 기술은 우리나라 보다 중국 기술이 한수 위였다.

중국 시장 자체가 워낙 크다보니 분석기기 사업체들은 국내와 비교가 안 될 정도로 많고 규모도 우리나라 대기업 수준이었다. 그러나 디자인과 정교함은 외산 제품에 비해 많이 떨어지다 보니, 중국 내에서도 자국 제품 보단 외국 브랜드에 대한 선호도가 훨씬 높은 편이었다.

그런데 당시 중국에서는 이상하게도 순수제조장치를 만드는 회사가 1개 정도 밖에 없었다. 그래서 나는 중국 시장 진입을 위해서 수시로 중국을 드나들었다. 그러다 중국 사업 파트너인 관 사장을 소개받게 되었다. 관 사장은 중국인이지만 북한 김책공대를 나온 재원이었다.

관 사장을 통해 중국 내 P사를 소개 받게 되었다. 당시에 P사는 북경대 내 벤처창업센터 같은 곳에서 사업을 시작했다. 사장은 나랑 동갑내기라 그런지 뜻도 잘 맞았고 비즈니스 마인드도 비슷해서 우리는 서로 업무 협조에 최선을 다하기로 서약을 했다.

중국 P사도 AAS(Atomic Absorption Spectrophotometer, 원자흡광광도계), UV/VIS Spectrophotometer(자외선/적외선 분광광도계)를 직접 생산하는 회사였다. 그런데 AAS를 가동하기 위해선 초순수제조장치가 필요했던 것이다. 그래서 우리는 중국 P사의 분광광도계를 OEM으로 생산해서 국내 판매를 하고, P사는 우리 초순수제조장치를 수입해서 중국 AAS와 같이 판매를 하는 그래서 서로 win win하도록 쌍방 간에 대리점 계약서를 작성하게 되었다.

이 계약은 매우 성공적이었다. 우리도 중국 회사도 서로 시장 초기에 주도권을 잡으면서 성장세를 키워나갔다. 중국의 P사는 북경대를 벗어나서 대규모의 공장을 건축해서 사세 확장에 나섰다. 그리고 해마다 중국 전 지역에서 Best Sales Man들을 선발해 국내 투어 및 세미나를 지속적으로 갖기도 했다.

그렇게 6~7년 정도 교역이 순조롭게 진행 중에 중국에서 엄청나게 큰 입찰이 공지가 됐다. AAS와 초순수제조장치 약 3000대 정도를 중국 전역에 납품 설치하는 Bidding이었다.

우리 입장에서도 어마어마하게 큰 프로젝트라 중국 P사와 모든 가능성을 열어두고 미팅에 들어갔다. 가격, 납기, 결재 조건, 설치 방법 등을 논의하고 우리가 할 수 있는 최고의 베스트 조건으로 가격을 제시했다.

중국 P사의 사장은 중국 내에서 인맥, 학연, 지연 등이 매우 강한 사람이라 무리 없이 수주가 가능하리라 예측을 했다. 그런데 입찰이 끝나고 발표가 나도 우리한테 연락이 없는 게 아닌가. 관 사장을 통해서 연락을 해봐도 감감 무소식이었다.

나중에 알게 됐지만 입찰에 낙찰을 해놓고 순수장치는 우리에게 발주하기가 아까워 그 회사 부사장이 퇴사해서 우리 제품을 카피해 납품하려는 계획을 갖고 진행 중이라는 거였다. 내가 보기엔 진작부터 우리 제품을 카피해놓지 않았나 싶었다. 그 짜여 진 시나리오에 우리만 당했다 생각하니 배신감과 억울함이 비통하게 엄습해 왔다. 이 억울함을 풀어보기 위해 국내 중기청, 무역협회 등 여기저기 알아봐도 돌아오는 대답은 법적으로 싸워도 못 이기니 참으라는 대답밖에 없었다. 그리고 관심 갖는 정부기관도 전혀 없었다. 난 억울하지만 어디 하소연 할 때도, 싸울 곳도 없이 그냥 그렇게 중국 시장에서 물러나야만 했다.

그 후 중국에서는 우리 제품을 카피한 회사들이 우후죽순처럼 생기기 시작했다. 해외 전시회에 나가 보면 우리 제품을 똑같이 카피해서 전시회에 갖고 나오는 회사가 점점 많아지기 시작했다. 어떤 회사는 우리 회사 가격표 양식. 글자 폰트까지도 똑같이 카피를 해 놨다.

해외 전시회에서 우리가 우리 회사 네임텍을 달고 중국 부스에 방문하면 직원들이 두 팔을 벌려서 자기네 부스에 못 들어오게 한다. 양심에 찔리는 게 있는지…. 참 어이가 없다.

그래서 그 이후 나는 중국에 수출할 일이 있으면 절대로 최신 제품은 안 보낸다. 어차피 중국과 오래 거래하게 되면 카피를 의식하지 않을 수 없기 때문에 최신 제품을 판매할 경우에는 충분한 대비책이 필요할듯 싶다.

　독자 중에서도 중국과 거래하시는 분들은 절대 주의해야 함을 명심해야 할 것이다.

아홉 번째 이야기

죽을 고비

두 번의 죽을 고비를 넘긴 감사한 삶

"그동안 살아 온 삶이 한편의 영화처럼 흘러간다."

"아 이제 죽었구나! 나는 정신을 잃었다."

사람이 죽을 때는 그간의 삶이 영화 필름처럼 지나간다고 하는데, 난 그 경험을 두 차례나 또렷이 했다. 길어야 2~3초도 안되는 그 찰나에 부모님, 형제들, 친구들, 내 인생사들이 한편의 영화처럼 흘러갔다.

첫 번째 죽을 고비

결혼 전에는 주말이 되면 어머니가 계신 원주에 갔다가 월요일 새벽에 출발해서 서울로 오곤 했다.

당시에는 영동고속도로가 편도 1차선이었다. 길옆으로는 큰 가로수들이 심어져 있었다. 그리고 문막휴게소 근처 갓길에는 예전부터 폐차된 화물차 한대가 녹슨 채 방치되어 있었다.

그날도 나는 회사를 가기 위해 월요일 아침 7시경 영동고속도로를 탔다. 당시 나는 전국으로 영업을 다니다 보니 나도 모르게 과속하는 게 몸에 배어 있을 때였다. 그런데 문막휴게소를 지나갈 때 즈음에 기분이 이상하게 묘해지기 시작했다. 뭐라 말로는 표현하기가 어려운데 그날따라 기분이 이상해서 나는 속도를 급격히 줄였다.

문막휴게소를 지나면 도로가 우측으로 돌게 되어 있고, 여름철이라 길가에는 가로수가 빽빽이 심어져 있었다. 그러다 보니 좌측 건너편에서 차가 오고 있는지를 알기는 어려웠다.

나는 우측으로 핸들을 서서히 돌리는데 갑자기 경적 소리가 크고 다급하게 울리는 게 아닌가. 좌측에서 마주보고 오고 있던 덤프트럭을 ○○고속버스가 중앙선을 추월해서 내가 가고 있는 도로로 넘어와 바로 내 차 정면으로 달려오고 있었다. 덤프트럭 기사는 내가 오는 것을 보고 조심하라고 경적을 울렸던 것이다.

그러나 버스는 중앙선을 넘어 내 차 바로 앞 10여m 앞에서 마주보고 달려오는 상태였다. 그 찰나의 순간 나는 갓길 쪽으로 차를 돌리려 했으나 예전부터 방치된 트럭이 있길래 그쪽으로 핸들을 틀면 더 큰 사고가 날 것 같았다. 상대 버스도 놀라서 급히 핸들을 틀어서 자기 차선으로 복귀를 하려는 시도를 했다. 순간 나는 버스 아랫부분의 짐 싣는 공간이 보였고, 그곳은 비어있는 공간이기에 충돌시 완충 작용을 할 것이라는 생각이 스치고 지나갔다.

"그래 그 쪽으로 차를 틀자!" 하고 핸들을 돌리면서, 나는 "아! 이렇게 죽는구나!"라고 생각을 했다. 이때 내가 살아온 인생이 영화의 필름처럼 툭, 툭하면서 지나가는 게 아닌가. 부모님, 식구들, 친구들이 사진을 찍듯이 보이면서….

불과 2~3초의 순간에 과거의 장면이 영화처럼 필름으로 돌아가는 것이었다. 그 찰나의 순간에 말이다. 너무 신기하지 않나? 죽음 직전에는 시간이 무척 더디게 간다고 한다.

그리곤 나는 그 자리에서 기절해 버렸다. 예상대로 내 차는 버스의 짐칸인 아랫부분과 충돌을 하였다. 그 충격으로 내 차의 좌측 앞부분은 완전히 박살이 나면서 좌측 바퀴가 떨어져 나갔다. 그러면서 차가 좌측 중앙선을 넘어 도로 밖으로 떨어질 뻔 했다. 도로 밖은 약 20m의 경사가 가파른 지대였는데, 만약 내 차가 그쪽으로 떨어졌다면 나는 생명을 보존하기가 어려웠을 것 같았다. 불행 중 다행인지 내 차가 좌측으로 쏠리면서 기울자, 뒤이어서 오던 또 다른 ○○고속버스가 내 차의 우측 뒷면과 충돌을 하게 된 것이다. 그러면서 내 차는 좌측 갓길의 가드레일을 측면으로 받고는 차가 멈춰 버린 것이다.

순식간에 벌어진 일이고 너무나 큰 충격으로 나는 한참 후에야 정신을 차릴 수 있었다.

그날은 원주 ○○대 학생들이 시험 보는 날인데, 시간이 늦었다면서 기사에게 빨리 가자고 독촉을 하는 바람에 부득이 중앙선 침범을 했다는 것이다.

나는 정신이 들고 보니, 차는 완전히 박살이 나 있었지만 이 와중에 내가 무사하다는 것은 아무리 생각해도 기적일 수밖에 없다는 생각이 들었다. 주위에서도 내가 살아 있다는 것에 더 놀란 표정이었다. 이런걸 보면 인명은 제천인가 보다.

나중에 집에 와서 보니 온몸이 유리 파편이 박혀 있고 피가 나오는 것을 알게 됐다. 당시에는 너무 긴장을 해서 아무 감각이 없더니 말이다.

그 이후로 고속도로 주변 가로수는 모두 베어서 없어졌고, 예전부터 방치 되었던 트럭 역시 치워졌다.

두 번째 죽을 고비

사업 초기에 자금이 부족하다 보니 사무실 집기류부터 웬만한 모든 것들은 중고시장에서 구입을 해서 사업을 시작했다. 자동차 역시 중고시장에서 구입을 해 영업을 뛰고 있었다.

145

영업을 위해 지도책을 펴놓고 전국 안 가본 곳이 없을 정도였다. 새벽 같이 일어나 전국 지방을 돌고 오면 녹초가 되지만, 우리 일들이 전국을 상대하는 일이다 보니 어쩔 수 없었다. 그만큼 운전도 많이 하게 되고, 시간에 쫓기다보니 과속도 많이 하게 되서 크고 작은 교통사고나 교통위반 범칙금이 수시로 날아오곤 했다.

얼마 전부터 내가 타던 차 뒷부분에서 원인 모를 소리가 계속 심하게 나기 시작했다.

이 차 역시 중고로 구매하고 꽤 오랫동안 탔던 차였다. 나는 차를 구매하면 보통 10년 정도를 탄다. 그렇게 소리가 계속 나길래 카센터에 몇 번을 가봤으나 원인을 찾을 수가 없었다.

그렇다고 영업을 안 할 수도 없기에 나는 계속 그 차를 타고 영업을 뛰었다. 그러던 중 하루는 지방 영업을 가기 위해서 사무실을 출발해 가고 있는데 예전보다 소리가 더 심하게 들리는 게 아닌가. 그래도 나는 시간을 지키기 위해 개의치 않고 속도를 내기 시작했다.

경부고속도로를 타기 위해 서울톨게이트를 막 지나는데 차에서 들려오는 소음이 심상치가 않아서 속도를 급히 줄이고 갓길로 들어서는데, 갑자기 꽝 소리가 나는 게 아닌가.

나는 급히 브레이크를 잡았지만 브레이크가 전혀 작동되질

앓기에 억지로 핸들을 틀어서 가드레일과 충돌 후에 간신히 갓길에 차를 세울 수가 있었다. 그리고 나서 창밖을 보니 뒷바퀴 축 가운데가 부러져서 좌측 뒷바퀴와 축이 함께 떨어져서 고속도로 1차선 쪽으로 굴러가고 있는 게 아닌가? 브레이크가 작동되지 않은 이유는 뒷바퀴 휠이 직접 도로로 내려 앉아버려서 브레이크가 아무 소용이 없었던 거였다.

1차선으로 굴러가는 축과 바퀴 때문에 2차 사고가 염려됐지만, 다행히 2차 사고는 일어나지 않았다. 만약 내가 소리를 무시하고 평상시처럼 속도를 높이다 축이 빠졌다면 정말 큰 사고로 이어질 뻔 했다. 어떻게 뒤축이 바퀴와 함께 빠질 수 있는지 아찔하면서도 이해가 도무지 가질 않았다.

아무튼 결코 작다할 수 없는 2번의 사고를 겪었지만 무사히 지나갈 수 있었던 것에 나는 지금도 감사하면서 살고 있다.

운전은 순간의 방심으로 큰 사고를 초래할 수 있다. 안전운전이 아니라 방어운전을 통해 항상 사고 없는 운전 습관을 갖길 바래본다.

사옥 준공

드디어 꿈에 그리던 사옥을 짓다

　사업하는 사람들의 가장 큰 소망은 바로 본인의 사옥을 갖는 것이 아닐까 싶다. 물론 일반인들도 건물주가 되는 게 일생일대의 꿈이기도 하겠지만….

　서울 하늘 아래 사옥을 갖는다는 것은 돈이 한두 푼 드는 것도 아니고, 막대한 자금의 여력이 있어야 하기에 결코 쉽지 않은 일이다.

　나 역시 워낙 돈 없이 사업을 시작하다보니 사옥에 대한 꿈은 있었지만 그것이 과연 현실로 다가올 수 있을까에는 의문을 가질 수밖에 없었다.

　다행히 사업이 안정화 되면서 사옥에 대한 준비를 서서히 구상 하던 중에 친구의 배신으로 그 꿈이 무산된 적도 있었지만….

그 후 다시 나는 사옥을 건축하기로 결심을 하고 장기 Plan 을 짜기 시작했다.

사업으로 번 돈을 차곡차곡 저축을 해서 부동산을 취득하기엔 부동산의 상승 속도가 너무 빠르기에 어느 정도의 투기성 투자 및 작은 부동산에 먼저 투자하는 방법을 생각했다.

때마침 은행에서 펀드 열풍과 함께 중국 경기가 살아나기 시작할 때였다. 나는 일단 은행 담당 PB와 상담하면서 펀드 쪽에 눈을 돌려 투자를 시작했다. 그렇게 몇 년에 거쳐 생긴 수익으로 빌라 한 채를 구입했는데 위치가 도로 변이라 향후 가격 상승 여력이 충분히 있다고 판단이 됐고 여기서 나오는 월세 또한 작지만은 않았다. 또 향후 빌라를 허물고 사옥 건축도 염두에 두고 있었다.

그런데 사옥을 짓기에는 땅이 작아서 옆 빌라까지 매입을 하려 했으나 일이 성사되질 않아 나는 사옥에 필요한 땅을 회사 근처에서 알아보고 다니기 시작했다.

그렇게 또 2~3년이 지나서 아주 만족스럽지는 않지만 대로변에 그런대로 쓸 만한 토지가 매물로 나왔다. 때마침 빌라를 구매하겠다는 사람도 나타나서 구매시 보다 약 30% 인상된 가격으로 빌라를 매매하고, 도로변 토지를 매입하게 됐다.

사옥 건축에서 가장 중요한 토지가 해결됐으니 사옥 마련의 꿈이 약 70%는 해결이 된 것이나 다름이 없었다.

그 후 약 5년 정도는 토지를 임대해 주고는 건축을 위한 설계, 자금 등을 준비하기 시작했다. 새로운 건물을 건축한다는 것은 생각보다 쉽지는 않았다. 주위에서도 많이 말렸다. 건물 한번 짓게 되면 10년은 늙는다고 하면서…. 또는 건축업자를 잘못 만나게 되면 중간에 부도내고 도망가기 일쑤고…. 또는 준공이 된다 해도 날림 공사로 사후관리에 고생을 많이 한다고….

그래서 나도 건물을 매입해서 리노베이션을 해볼까 했는데 우리 회사 실정에 맞는 건물을 찾을 수가 없었으며, 건물을 새로 건축하는 것에 비해 금액도 너무 비쌌다. 그래서 나는 힘들더라도 내가 직접 건축하기로 결심을 했다.

사업하는 사람들 사이에서는 이런 말들이 회자 되고 있었다. 사업이 잘돼서 사옥을 건축하면 2~3년 내에 사업이 어려워질 수 있다는….

사옥을 짓다보면 좀 더 멋있고 화려하게 짓고 싶은 욕심에 예산 이상으로 무리한 투자를 많이 하게 되는데, 나중에 그것이 감당이 안돼서 회사가 어려움의 길을 걷게 되는 단초가 되기 때문에 사옥 준공 후 몇 년 동안은 정말 조심해야 한다는 것이다.

건축에 대하여 전혀 지식이 없던 나는 주위 지인들에게 자문도 구하고, 공부도 해가면서 준비를 시작했고, 사옥 준공 경험이 있는 사람들을 만나서 주의사항이나 중요사항들을 꼼꼼히 챙겨 나갔다. 또한 지인 사옥을 건실하게 건축했던 설계사, 시공사 등을 몇 군데 소개를 받아서 건축 준비에 들어갔다. 또한 건축 중에는 토목, 설계를 전공한 친구들에게 건축 중간 중간 점검도 부탁하기도 했다.

사옥을 건축하면서는 현장 소장하고 싸우기도 많이 싸우고, 그러다 또 화해하기도 하면서 건물을 지어나갔다.

그렇게 약 1년 6개월 만에 2015년 8월 4일, 드디어 꿈에 그리던 사옥은 준공을 마쳤다.

건물 건축을 경험해보니 결코 쉽지만은 않았지만, 나름대로 자부심도 느끼게 되고, 회사 용도에 적합한 건물을 갖게 되서 너무나도 다행스러웠다.

더욱이 우리 사옥은 튼튼하면서도 독특하고 멋있게 잘 건축되어져서, 주위에서 건물 멋있다는 말을 많이 해주었다.

아마 다시 한 번 건물을 건축한다면 경험이 있어서 더 멋있게 잘 지을 수 있을 것 같다.

사업하는 사람들이 사업을 통해서 이익을 내는 것도 중요하지만, 사옥이나 부동산도 신중히 고민해서 접근해보길 적극 권유해 본다. 투기로 여길지 모르지만 투기는 곧 투자의 의미도 있는 것이고, 투자를 통해 얻은 수익은 기업이 어려울 때 긴요한 자금으로 사용되어 질 수 있고, 그로 인해 직원들의 고용 안정에도 기여할 수 있다는 것이다.

◀ 사옥전경

◀ 해외 파트너

열한 번째 이야기

창립 30주년

30년 세월, 책상에 쓰인 세 글자
忍 忍 忍

2023년 6월 1일, 회사를 창업한지 30주년이 되는 날이다.

그저 앞만 보고 쉼 없이 달려왔는데, 어느새 세월이 그렇게 흘렀다. 안정된 직장을 그만두고, 허허벌판 서울 한복판에 단돈 200만원을 갖고 무슨 깡으로 사업을 시작했는지, 지금 돌아보면 무모하기도 하고 아찔하기도 하다.

하지만 한편으로는 그때 그렇게 사업을 시작하였기에 여기까지 오게 되지 않았나 생각도 든다. 벌써 30년 이라니, 지난 세월의 기억들이 주마등처럼 지나간다.

> "시장 한구석에 처음 얻었던 10평짜리 사무실. 그 건물에
> 는 우리 같은 사무실이 2개 더 있었는데, 그때 그 사람들은
> 지금 어떻게 살고 있는지 궁금하기도 하고…."

"교통사고로 2번이나 죽을 고비를 넘겼던 기억들…."

"국가기록보존소에 납품된 순수제조장치의 누수로 밤새 물이 차서 이를 배상하느라 사업을 접을 뻔했던 사건. 연구실에 납품된 Auto clave가 폭발해서 연구실이 난장판이 되었던 일도 있었다. 다행히 사람이 안 다쳐서 큰 고비는 넘겼지만…."

"납품 대금을 어음으로 받을 수밖에 없던 시절에 툭하면 터져 나오는 어음부도, 밤새 쫓아가서 싸워 봐도 빈손으로 와야 했던 기억들…."

"친구한테 엄청난 돈을 사기 당했던 기억, 그 배신감에 대한 기억들은 생각조차하기 싫은 사건이었다. 왜 그렇게 살까?"

"직원들이 담합해서 회사를 동시에 퇴사하면서 말도 안되는 금액을 요구했던 일. 퇴사하는 직원에게 회사차를 반납하라고 했더니 그 와이프가 전화를 해서 갖은 쌍욕을 했던 웃지 못 할 기억들…."

"그렇게 믿고 맡겼던 직원의 배신, 몰래 회사 제품을 훔쳐다 팔면서 어떻게 그렇게 뻔뻔스러울 수 있는지…."

"지금은 30대 그룹이 된 H그룹 회장과 대금결재 관계로 소송전과 함께 대판 싸웠던 기억, 당시 나는 사업 초창기로 상당히 큰 금액을 납품한 상태라서 결재가 미수될 경우 사업을 접을 수밖에 없는 절체절명의 시기였다."

"10평 사무실에 있다가 사업 확장을 위해 넓은 사무실을 구해서 이사를 갔더니, 그 건물 사장은 나를 볼 때마다 자기가 곧 사업을 할 건데 그 사업이 잘 되면 바로 사무실을 비워줘야 한다는 것이다. 이사를 가라는 건지 말라는 건지, 내가 사옥으로 옮길 때까지 볼 때마다 그런 소리를 해댔다. 그럴 때면 나는 엄청난 스트레스를 받아야 했고, 어떻게 하든 빨리 사옥을 지어야겠다고 마음을 다져 먹었다."

"동생처럼 아끼던 후배가 동일 업종으로 사업을 시작한다고 해서, 우리 회사의 기기를 비롯해 가능한 모든 것을 물심양면으로 도왔건만, 직원들을 몰래 빼내가 우리가 제조하던 순수제조장치를 만들었다고 이해해 달라고 했던 사건도 있었다. 나는 피가 거꾸로 솟는다는 것을 이때 처음 느껴 봤다. 아! 이러다 사람이 죽을 수도, 죽일 수도 있겠구나….”

“사업 초창기 사무실에서 숙식을 하다, 2년 후에 처음으로 3,000만원 짜리 빌라 반지하방을 얻게 됐다. 난생 처음으로 기름보일러 집이었고, 수세식 화장실이 있는 집이었다. 그런데 건물이 워낙 낡아서 비만 오면 하수구가 역류되기 일쑤였다. 그러다 추석 때 원주 어머니 집으로 명절을 보내려고 와있었는데, 아침에 소방서에서 긴급 전화가 와서 받아보니 동네 어린이들의 실수로 집안에 불이 나서 모두 탔다는 것이다. 나 참! 서울에 와서 보니 쑥대밭이 되어 있었다. 초등생들이 추석에 폭죽놀이를 하다가 불꽃이 우리 집으로 튀었다는 것이다.”

“우리 회사가 독일 Achema 전시회를 할 때마다, 유독 미국의 P사는 관심을 갖고 방문했었다. 그러다 P사에서 미팅 제의가 들어와 우리 회사에서 만나게 되었다. P사는 화학제품 및 필터들을 제조하는 회사로 규모는 국내 30대 그룹 정도였다. 당시에는 영국의 순수제조장치를 OEM방식으로 제조하여 P사 브랜드로 판매를 하고 있었다. 그런데 우리 제품으로 OEM 제조 회사를 변경하고 싶다고 해서 제반 미팅 중에 갑자기 미국에 있던 회장이 우리 회사를 인수하고 싶다는 의견을 제시해 왔다. 조건은 이러했다. △전 직원 고용 승계, △나는 2년 조건 근무, △동종업종 진출 금지, △마지막으로 제일 중요한 인수 금액은 ○○○억. 나쁘지 않은 조건이었다.

우리 회사는 제조파트와 수입파트가 있어 나는 향후 수입파트에서 사업을 이어가면 되겠다는 계획으로 장고 끝에 MOU를 작성했다. 하지만 실행을 하려던 차에 미국발 리먼브라더스 사건이 터지면서 계약이 백지화 돼버렸다. 만약 그때 그게 실행됐다면….”

“사업을 시작하면서 해외 수입라인이 절실히 필요했다. 그래서 독일 Achema 전시회를 통해 접촉된 회사들과 에이전트 계약을 맺기 위해 아내와 매일같이 새벽 2∼3시까지 전문을 주고받으면서 일을 했던 기억들….”

“수입라인이 활성화되는 시점에서 터져 버린 IMF로 인해, 발주 받은 제품을 수입해야 하는데, 원화 폭락으로 수입 후 판매하게 되면 손실이 너무 컸지만, 나는 이것도 소비자와의 약속이라 엄청난 손해임에도 불구하고, 모든 발주 품목을 납품해야 했다. 소비자에게 믿음과 신용은 목숨보다 중요하다는 게 내 기본 원칙이다."

"2015년 8월 4일 본사 사옥이 준공된 날이다. 창업 22년 만에 잠실사옥을 갖게 되었다. 규모는 우리 회사가 사용하기에는 조금 부족하지만, 전세 설움에서 벗어나는 감격의 순간이었다."

"창업 30주년을 돌이켜보니 지금까지 휴가도 제때 가 본적이 없었던 것 같다. 길어야 3일. 또한 지각도 거의 해본 적이 없다. 전날 아무리 술을 많이 먹어도 다음날 무조건 정시 출근을 했다. 부서장들의 정해진 보고 시간을 나도 지켜야하기에 특별한 일이 없는 한 나는 그 약속을 철저하게 지킨다. 왜냐하면 그것도 직원들과의 약속이고, 나와의 약속이기 때문이다."

지난 30년을 돌아보니 정말 많은 일들이 있었다.
누구나 '사장'이 될 수는 있지만, 사장이란 타이틀로 30년을 산다는 건 정말 외롭고, 고독한 일인 것 같다.

과연 사장이라는 자리는 무엇일까?

나는 직원들에게 이런 말을 자주 한다. "우리는 풍랑 속에
배를 함께 탄 동지다. 풍랑을 헤쳐 나가기 위해선 거친 파도와
싸워서 이겨야 된다. 그러려면 선장의 지시 하에 일행 모두가
일사불란하게 노를 저어야 한다. 그렇지 않으면 그 배는 침몰
할 수밖에 없다. 그 배의 침몰은 나로 끝나는 게 아니라 무사
히 돌아오길 기원하는 가족에게도 죄를 짓는 것이다."

'사장'은 가야할 방향을 제시해야 한다. 그러기 위해서는 시
장의 동향과 소비자의 니즈, 우리 회사의 역량 등을 냉정하게
파악할 줄 알아야 한다. 경쟁사보다 더 많이 생각하고 더 많
이 노력해서 시장에서 이길 수 있는 방법을 1년 365일 고민해
야 한다.

실패는 사장의 책임이지만, 성공은 사장의 것이 아닌 우리
의 성공이라는 확신을 주워야 하는 게 바로 사장의 자리인 것
이다. 한 없이 강해야 하기도 하고, 문제점들을 해결할 수도
있어야 하고, 직원의 고충도 함께 할 수 있는 부드러움도 가져
야 하는 자리다.

내 책상 위에는 이런 한자가 쓰여 있다.

'忍 忍 忍'

사업과 경영철학

확고한 사업 방향과
기본에 충실한 경영이 성공 비결

본격적으로 사업에 뛰어들기로 결정한 나는 많은 고민과 생각에 빠졌다.

"앞으로 어떤 회사를 만들어야 할지, 핵심 아이템은 무엇으로 할지, 직원들과의 관계는 어떻게 형성해야 할지…"

故 이건희 회장은 "2등 제품은 모두 버리고 세계 1위 제품만 집중해서 세계 최고의 제품만을 만들라"고 말씀하셨다. 물론 굴지 기업의 경영자다운 말씀이시다.

그러나 나처럼 무자본에서 시작하는 사람이 처음부터 1등 제품을 만들기는 현실적으로 불가능하기에, 나는 사업 방향을 1등 제품이 미치지 못하는 '틈새시장'을 공략해 그에 걸맞은 제품을 개발하고 마케팅을 펼치기로 방향을 수립했다.

제조업

　사업을 시작할 당시는 서비스 산업이 대세라서 중계무역업 등으로 보다 쉽게 수익을 낼 수 있는 시기였다. 그러다 보니 많은 창업자들이 제조업을 기피하는 경향이 컸으나, 나는 어떻게든 제조업을 통해 사업을 일구고 싶었다.

　특히 연구실 장비는 지금도 그렇지만 거의 모든 제품이 수입에 의존하고 있는 실정이었다. 당시에는 많은 기업들이 국산 제품 사용을 꺼리는 상황이었고, 설령 국산화를 한다고 해도 국산화 된 장비를 해외시장에 내놓기에는 기술력 부재, 브랜드 및 디자인 등에서 낮은 선호도로 성공 가능성이 매우 희박한 실정이었다. 한때 분석기기 시장에 삼성, SK, 대우 등 대기업도 적극 참여한 적이 있었지만, 모두 이러한 이유로 얼마 안 가서 사업을 접어야 했다.

　그래도 나는 제조업에 대한 꿈을 버리지 않았다. 제조업은 크게 대기업의 하청을 받는 주문생산과, 독자 브랜드로 제품을 제조해 판매하는 방식으로 나눌 수 있는데, 전자의 경우에는 수주기업만 잘 연계되면 수월하게 사업을 시작할 수는 있지만 수주기업에 종속되기 때문에 눈치를 봐야하는 단점이 있고, 후자의 경우에는 브랜드 홍보 및 판매의 어려움이 따르긴 하겠지만 누구의 간섭도 없이 자유롭게 사업을 펼칠 수 있다는 장점이 있었다.

고민 끝에 나는 사업 방향으로 후자를 택했다. 물론 처음에는 많은 어려움이 불 보듯 뻔했지만 장기적으로 보면 나만의 제품과 브랜드로 승부를 펼치는 것이 옳다고 판단했다.

First mover or Fast follower

나는 사업 초기 First Mover가 되기는 어렵더라도, 최소한 Fast follower가 돼서 시장의 사각지대를 개척해가기로 방향을 잡았다.

사실 Fast follower도 많은 연구개발과 독창적인 아이디어를 요구한다. 또한 1등 기업과의 다름을 보여줘야 하는 것이 쉽지만은 않기 때문에 브레인스토밍을 통한 아이디어가 필요했고, 그래서 개발된 제품이 '2 in 1 시스템'이었다. 즉 시스템 하나에서 순수와 초순수를 동시에 생산하는 방식으로 가격은 물론 공간 효율성을 극대화할 수 있게 되었고, 운영관리도 한층 편리해진 세계 최초의 아이디어 장비이다.

이 제품이 처음 출시됐을 때는 아무래도 소비자들이 처음 경험해 보는 시스템이라 그런지 호응이 높지 않았다. 하지만 기존의 방식과는 획기적으로 다른 시스템에 점차 관심을 갖기 시작했고, 시간이 지날수록 회사의 대표 제품으로 자리 매김

하게 되었다. 세계의 많은 관련 업체들도 이 방식을 적용해서 장비를 제조하기 시작했다.

원리원칙

사업의 궁극적 목적은 이윤 창출이다. 이윤을 내지 못하는 기업은 아무리 대기업이라도 존재 가치가 없게 된다. 그러다보니 때론 사업이 어렵게 되거나, 성급한 성장을 위해 일부 기업들이 저급자재로 눈속임을 하거나, 없는 기능을 거짓으로 말하는 등 꼼수를 부리는 경우가 종종 있다. 이럴 경우, 단기적으로는 회사에 이익을 가져올지 모르지만, 장기적으로는 정말 한심하고 옹졸하기 짝이 없는 일이라고 생각한다.

소비자는 현명하고 기업을 꿰뚫어 보는 능력을 갖고 있다. 기업이 안이한 생각으로 소비자를 기만하게 되면 그 기업은 결코 오래갈 수가 없다. 소비자를 내편으로 만들기도 어렵지만, 한 번 떠나간 소비자의 마음을 다시 되돌리기는 거의 불가능하다. 따라서 그런 일이 발생하지 않도록 기업은 철저히 원리원칙을 지켜서 제품을 생산해야 한다.

기업은 이익을 내야 되는 집단이지만 아이러니하게도 기업은 돈만 보고 가서는 절대 안된다. 미국의 자동차왕 헨리 포드는 이런 말을 한 적이 있다. "우리는 회사 경영 방침대로 하다보니 돈은 저절로 벌렸다"고.

기업은 원리 원칙을 지켜야 된다. 자재 가격이 올랐다고 저급 자재로 눈속임을 하거나, 없는 기능을 거짓으로 말하거나, 소비자의 니즈를 외면한 채 원가 절감에 비중을 두는 기업은 언젠가 혹독한 대가를 치를 것이다.

내가 L그룹에 입사했을 때 회사 유니폼에 "나는 소비자다"란 문구가 적혀 있었다. 처음에는 이 말의 뜻을 이해하기 어려웠는데, 시간이 갈수록 특히 사업을 시작하게 되면서 그 의미와 중요성을 깨닫고는 가슴 속 깊이 나의 좌우명으로 삼고 있다.

우리 회사는 회의를 할 때 실적에 대한 보고에 앞서 제품의 AS 사항 및 소비자 만족도에 대해서 우선 보고한다. 납품된 제품에 어떤 AS가 발생했고, 왜 발생했는지, 누구의 실수로 발생된 것인지, 제작에 문제가 있었는지 등 세밀하게 논의한다. 그러면서 개선점이나 보완이 필요한 부분에 대해서는 곧바로 해당 팀이나 담당자에게 통보한다.

제품을 많이 파는 것도 중요하지만, 그에 앞서 하나의 제품을 판매 하더라도 완벽한 제품을 판매하는 것이 나의 목표다. 항상 소비자 입장에서 바라보고 생각하고 제조하고 또 제품의 사후 관리까지 철저히 책임지는 기업 풍토를 창업할 때부터 직원들에게 귀가 따갑도록 누누이 강조해왔다. 그러다보면 판매는 저절로 이뤄진다고 나는 굳게 믿고 있다.

나는 지금까지 사업을 해오면서 영업사원들에게 매출에 대한 목표액을 할당한 적이 한 번도 없다. 단 우리 제품을 잘 숙지하고 있는지, 소비자가 원하는 제품을 정확하게 파악하고 있는지에 대해서는 항상 강조하고 관리했다. 우리 회사는 입사 후 2개월의 인턴 과정 중에 자사 제품에 대한 교육과정이 있다. 과정을 마치면 바로 시험을 보는데 여기서 70점 이하면 바로 퇴사를 해야 한다. 이렇게 철저하게 하는 이유는 우리가 만나는 고객들이 대부분 대학교수나 연구원들로 우리 제품의 specification 또는 다양한 applications에 대해서 완벽하게 이해하고 있지 못하면 상담을 할 수 없기 때문이다.

내가 생각하는 '완벽한 제품'이란 제품 그 자체의 완벽함도 있겠지만, 또 다른 의미로는 영업사원들의 이해 정도에 비례한다고 생각한다. 다시 말해, 아무리 좋은 제품도 영업사원이 무지하거나 잘못된 설치로 고객이 사용에 불편을 갖게 되면 그 제품은 3류가 되는 것이다.

설사, 자사 제품이 타사에 비해 완벽성이 다소 떨어진다고 하더라도 영업사원이 제품에 대한 완벽한 이해, 소비자의 니즈에 적합한 설치, 소비자의 운영능력을 통해 장비 활용을 최대한 보장한다면, 자사 제품은 일류로 인정받게 됨은 물론 자연스럽게 판매 증가로 이어질 것이고 소비자의 끝없는 사랑을 받게 될 것이다.

국내에 분석기기를 취급하는 업체가 대략 4~5천개 정도 된다. 대부분의 딜러들은 지역에서 친분이 있는 소수의 소비자들과 지속적으로 거래를 하는 식의 점조직으로 구성되어 있다. 분석기기 시장을 잘 모르는 사람들은 이 계통은 경쟁자가 없어서 쉽게 돈을 벌 수 있겠다고 생각하는 경우가 많다. 하지만 무슨 일이든 그 세계에 들어가 보면, 상상 이상으로 치열한 경쟁과 이권의 카르텔 등이 숨어있다. 그러한 시장에서 살아남기 위해서는 나만의 것, 누구도 따라할 수 없는 무언가를 히든카드로 갖고 있어야 한다. 그것이 바로 내가 제조를 해야 하는 이유 중에 하나이기도 하다. 역설적으로 전국의 딜러들과 믿음을 갖고 협업을 잘 하게 되면 그만큼 빠르게 시장 진입을 할 수 있다는 것이다.

우리 회사는 국내 딜러 중 약 1,000~1,500개 회사와 거래하고 있다. 자사의 제품이 품질과 기능에서 우수하고 경제적이라면 전국의 딜러들을 통해서 시장을 확보할 수 있을 것이고, 그로 인해서 우리 회사와 딜러들은 서로 윈윈 할 수 있음은 자명한 사실일 것이다.

그러기 위해서는 딜러들이 무한 신뢰할 수 있는 제품으로 우리는 답을 해야 한다. 그러한 끊임없는 노력으로 우리가 제조하는 순수장비는 국내 시장에서 타의 추종을 불허하게 되었고, 세계에서도 인정받는 제품으로 거듭나게 되었다.

또한 나는 창립 30년 동안 기술부에게도 제조 물량을 할당한 적이 한 번도 없다. 아무리 주문이 밀려있어도 시간에 쫓겨 하자가 발생할 수 있는 제품을 판매하기 보다는 납기를 조절하더라도 완벽한 제품을 납품하는 것이 나의 경영철학이다. 물론 납기지연이 부득불 발생될 경우에는 여유 있게 자사가 보유하고 있는 데모 장비를 설치해주고 소비자들에게는 정중히 양해를 구한다. 그래서 연구원들이 실험실 운영에 일체의 지장이 없도록 조치를 취할 뿐만 아니라, 납기 지연으로 인한 불편함에 상응한 소모품을 무상 지급하는 것을 원칙으로 하고 있다. 그러나 특별한 경우를 제외하고는 납기가 지연되지 않게 인서비스(In Service)가 되도록 전사적으로 노력한다.

우리 회사는 "휴먼 제품은 평생 AS 및 관리를 보장합니다"를 30년째 슬로건으로 실행하고 있다. 그러다 보니 일반적으로 분석기기의 감가상각은 6~7년 정도이지만, 우리 장비는 10~15년 이상 사용하는 연구소가 상당히 많이 있으며, 심지어 20년 이상 사용하는 제품도 심심치 않게 연구실에서 찾아

볼 수가 있다. 그런 철저한 관리는 곧 차기 보상 판매로 이어지게 됨으로써, 매출 증대에 중요한 기여를 하고 있다. 또는 자사 제품의 우수성을 경험한 연구원들이 이직할 경우에는 그 연구소에서 구두 홍보 및 차기 구매로 이어지게 되는 경우도 상당히 많이 있다.

사소한 문제도 절대 간과하지 않고 소비자 입장에서 철저하게 생각하고 연구하는 것이 기업의 생존에서는 가장 중요한 기본임을 잊지 말아야 할 것이다. 지금 판매가 잘 된다고 초심을 잃고 매너리즘에 빠질 경우 기업이 수렁에 빠지는 것은 순간이라는 것을 명심해야 한다.

일을 열심히 하는 것은 누구나 다 할 수 있는 것이다. 이 세상은 열심히 해서 성공할 수 있는 시대가 아니다. 지금은 일을 열심히 하는 것은 기본이고, 일을 잘 해야 성공할 수 있다고 나는 직원들 미팅 시간에 자주 말하곤 한다.

전화 태도

기업의 흥하고 망하는 이유가 여러 가지 있겠지만 여러 이유 중에 하나가 친절 서비스 마인드가 있느냐 없느냐가 매우 중요한 요인 중 하나라 생각한다.

창업시는 그렇게 친절하던 업체가 안정이 되고 돈 좀 벌게 되면 많은 회사들이 왜 그렇게 불친절하게 변하는지 모르겠다. 그러다 사업이 불안하게 되면 또 다시 남탓하고….

회사에 전화 한번 해보면 "아! 이 회사가 어떤 회사겠구나"라고 알게 된다.

불친절한 기업 치고 장수하는 회사는 단 한 곳도 본 적이 없는 것 같다.

전화 응대 하나가 향후 매출이 만원이 될지 10억이 될지는 아무도 모르기에 전화 받는 스킬은 필히 배우고 잊지 말아야 할 것이다. 또한 전화는 얼굴 보고 하는 통화가 아니기에 상대방을 먼저 배려하는 마음으로 통화를 해야 할 것이다.

나는 전화 받는 요령에 대해 다음과 같이 교육해 왔다.

첫째, 전화벨이 3번 이상 울리기 전에 받아라. 얼마 전에 카드에 문제가 있어서 카드회사에 전화를 한 적이 있었는데, 아무리 신호가 가도 받질 않는 것이었다. 이럴 때는 정말 소비자 입장에서 화가 나게 된다. 마찬가지로 업무상 거래처에 전화를 걸었는데 잘 받질 않으면 "오늘 무슨 일이 있나? 혹시 회사에 문제가 생겼나?" 같이 다양한 생각을 하게 된다.

만약 이런 일이 한두 번 반복되면 그 거래처에 대한 신뢰는 순식간에 떨어지게 된다. 전화벨이 3번 이상 울리기 전에 바로 응대하는 것만으로도 회사의 신뢰를 높일 수 있다.

둘째, 목소리 톤은 도레미파의 '파' 정도로 밝고 힘차게 받아라. 전화는 서로 얼굴을 보지 않기 때문에 목소리 톤이 중요한 역할을 한다. 목소리 톤을 깔거나 너무 힘없이 귀찮은듯 전화를 받으면 상대방은 일단 거부감을 느끼기 마련이다. 고객이 자사의 제품을 구매하려고 전화를 했는데, 직원의 성의 없는 목소리를 듣는다면 어떻겠는가? 구지 여기가 아니더라도 구매할 곳이 많다면 말이다. 당연히 구매를 하지 않을 것이다.

나도 그런 경험을 많이 했다. 회사 생활을 오래하거나 중견 간부가 되면 초심을 잃고 귀찮은듯 전화 받고, 목소리를 깔면서 응대하는 경우가 다반사다. 이러면 그 회사에 대해 짜증이 확 올라온다. 속으론 "뭐 이런 게 다 있어?"하면서 말이다. 과연 이런 회사가 장수할 수 있을까?

셋째, 전화를 받으면 필히 인사말과 회사명을 얘기하라.
"안녕하십니까. 휴먼입니다." 그렇게 하지 않으면 고객은 "휴먼 맞죠?"라고 다시 확인을 하게 되는데, 이 자체가 고객을 불편하게 하는 것이다.

넷째, 전화상담 중에 담당자가 부재일 경우라도 절대 "다시 전화주세요"라고 하지 마라. 일단 연락처를 물어보고, 최대한 빠른 시간 내에 담당자가 고객에게 직접 전화하게 해야 한다.

다섯째, 고객이 어떤 문제에 대해 문의할 때는 비록 본인의 업무가 아니더라도 "담당자를 돌려드리겠습니다"라고 하는 것도 우리 회사에서는 절대 금물이다. 만약 고객의 문의를 다 듣고 담당자를 돌려주게 되면, 고객은 똑같은 말을 또 반복해야 한다. 따라서 본인이 담당자가 아니더라도 고객의 문의를 귀담아 듣고 기억하여, 해당 담당자에게 정확히 설명해주고 나서 담당자와 고객이 연결될 수 있게 해주어야 한다.

여섯째, 애프터서비스(AS) 전화일수록 친절하게 받아라.
고객이 사용 중인 제품에 대해 AS 전화를 하면 불친절하게 대응하는 경우가 많다. 아무래도 AS 전화는 돈도 안되고 귀찮은 경우가 많기 때문일 것이다. 그러나 이런 전화를 역으로 더 친절하게 응대하면 회사의 이미지 제고는 물론, 향후 판매 확대로도 이어갈 수 있는 좋은 기회임을 간과해서는 안 된다. 친절하고 신속한 AS 대응 하나가 10명의 영업사원보다 더 효과적일 수 있다는 것을 잊어서는 안 된다.

약속과 신용

나는 업무나 개인 일에 있어서도 약속을 무척 중요시 여긴다. 약속이 잡히면 무슨 일이 있어도 지켜야하고 실행을 해야 한다. 약속의 상대가 직원이든, 가족이든, 친구든, 선후배든 선약이 잡히면 나는 무조건 지킨다. 또는 지나가는 말로 언제 밥 한번 먹자 또는 골프 한번 하자라고 해도 나는 그 약속을 지키기 위해 기억을 했다가 가급적 실행하려고 꽤 노력하는 편이다. 또는 회사에서도 직원들의 건의사항들이나 안건이 있으면 나는 거기에 대한 답을 꼭 해준다. 어떻게 보면 일종의 강박 관념일 수도 있겠지만….

그런데 그렇게 안 하면 내 자신이 불편해서 참기가 어렵다. 상대적으로 나는 또 약속을 우습게 알고 지키려 하지도 않고, 나와의 약속을 가볍게 여기는 사람들과는 상종도 안한다. 그건 나를 무시하는 것이라 생각하기 때문이다. 설령 그 사람이 공적으로 회사에 큰 이익을 줄 수 있어도 나는 사양한다. 믿을 수 없기 때문이다.

또한 거래처와의 대금 결제일자도 지금까지 한 번도 어겨 본 적이 없다. 생각보다 많은 업체들이 물품을 신용으로 공급해주면 결제기일을 차일피일 미루는 경우가 허다하다. 금액이 그렇게 큰 금액이 아니어도 그 사람들은 대금을 제때 지불하는 게 습관이 안되어 있는 것이다.

그렇게 돈 주는 게 아까우면 왜 사업을 하는지 모르겠다. 그냥 장롱 속에 돈다발을 숨겨놓고 살 것이지…. 그런 식으로 거래처에 신용을 잃게 되면 향후 사업하는데 누가 물건들을 신용으로 줄 것이며, best 가격으로 공급하겠는가?

사업을 30년 하다 보니 별 이상한 거래처도 수없이 만나 봤고 미결된 돈도 꽤나 된다. 요즈음은 어음이 많이 없어졌지만, 예전엔 어음 결제가 대부분이었고 어음 부도도 한두 달에 1건씩은 꼭 있었던 것 같다.

결제를 미루면서 미안한 감정도 없이 당연한듯 말하는 업체들도 정말 많다. 회사에 찾아가서 싸우기도 정말 많이 싸웠고, 납품된 물품은 법적으로 회수할 수 없지만(결제가 안됐다 하더라도 물품을 빼오면 절도죄로 고소당함) 나는 그냥 회수해 온다. 나도 그땐 이성보단 감정이 앞서다보니…. 그래서 돈을 빌려주거나 제품을 신용으로 납품하는 순간 죄인이 되고, 그 돈을 받기 위해서는 엄청난 스트레스를 받아야 한다. 그때는 법도 도움이 안 된다.

그런 고충들을 너무 많이 겪다보니 우리 회사에 납품하는 업체들의 대금 결제는 정확한 날짜에 모두 현금으로 결재해 준다. 어차피 줘야 할 돈이니 당연히 지불해야 하는 것이다.

그래야 지속적으로 필요한 부품들을 일정에 맞게 공급받을 수 있고, 또 다양한 요구조건이 생기면 당당하게 요구할 수도 있게 되는 것이다.

그렇게 되면 우리는 좋은 부품으로 성능이 우수한 제품들을 안정적으로 제작할 수 있게 되고, 그것은 곧 소비자에게 인정받을 수 있게 되는 선순환이 반복되지 않겠는가?

약속은 신용이다. 신용은 곧 책임이고 그 책임은 다시 우리의 미래를 보장하는 것이라고 나는 굳게 믿고 있다.

골프에 그런 말이 있다. 본인 사망 외는 무조건 골프 약속은 지켜야 한다고.

업무 보고

나는 업무를 부서장들한테 모두 위임하는 편이다. 그래야 나도 편하고 직원들도 부서장 위주로 업무의 효율성을 갖는다고 생각한다. 단 부서장들은 나에게 정기적으로 또는 적시에 정확한 보고를 해야 한다.

나는 보고에 대해선 무척 엄격한 편이다. 좋은 일이든 나쁜 일이든 일단 내게 보고가 들어와야 한다. 회사의 혈액이자 신경이라 할 수 있는 보고, 연락, 상담은 회사를 운영하는데 있어서 필수조건이며, 나아가서는 회사의 성장, 존폐의 문제가 될 수 있다는 것이다.

그럼에도 보고를 잘 하는 직원은 거의 없다. 나는 업무의 오픈화를 통해서 모든 정보나 자료를 공개하여 모든 직원들이 공유하는 것을 원칙으로 하는데, 아직도 많은 직원들은 업무의 정보나 지식을 공유하면, 본인 자신이 엄청난 손해를 본다고 생각하는 게 일반적이다.

기술부의 경우는 모든 기술과 노하우는 공유해야 함에도 불구하고, 이 정보를 오픈 시에는 자신의 존재 가치가 떨어질 것을 우려해 혼자 안고 가는 경우도 다반사다.

영업부 직원들 역시 거래처 현황을 공유하다 보면 본인들의 매출 실적에 손해를 입을까 봐서 절대 비밀주의로 행동하는 경우도 종종 있다.

그래서 나는 영업부 직원들에게 절대로 매출에 따른 인센티브를 지급하지 않는다. 대신 개인이 아닌 회사 전체의 이익에 따른 상응한 인센티브를 제공하거나 성실도 위주로 기준을 정한다. 직원들은 모든 안건에 대한 정보를 서로 공유해야 문제점 발생시, 제품 구매시, maintenance 발생시 누구든 즉각 대처할 수 있기 때문이다.

그러기 위해서 보고는 항상 선행이 되어야 하고, 더 나아가 정보의 중요성을 판단할 수 있는 자질을 키워야 한다.

보고란?

보고라는 것은 결과에 대해서만 하는 것이 아니라 시작, 중간, 경과보고와 진행 중에 발생되는 문제점, 개선점 그리고 진행 중에 발생 가능한 많은 의견들과 아이디어를 보고할 줄 알아야 한다.

보고는 질문을 받기 전에 해야 가치가 있다. 보고했다는 생각의 스타일은 문제가 많다. 설령 보고를 했어도 상사가 인지하지 못하면 재차 보고할 수 있어야 한다. 보고란 진행 중에 발생하는 많은 것들을 고려하여 개선점, 아이디어 등이 같이 보고가 되어야 가치가 있다고 할 수 있는데, 단지 보고를 위한 보고를 하는 타입은 큰 문제점이 있다고 할 수 있다. 또한 보고는 아랫사람이 윗사람한테만 하는 것으로 오해를 하는 경우가 많은데 그것은 절대 잘못된 생각이다. 보고는 수직적 보고(하에서 상, 상에서 하)와 수평적 보고로 크게 양분되며, 업무에 대한 공적인 일은 필요하다면 사장이라도 말단 직원에게 보고할 수 있어야 하고, 때론 동기가 동기에게도 보고할 수 있는 기업 문화를 창출시키지 못하면 기업의 발전을 기대하기는 불가능 하리라 사료된다.

TPO에 맞게 보고

Time(시간) : 보고는 적재적소 시간에 맞춰 보고를 해야 한다. 중간보고, 결과보고 등 시기를 놓친 보고는 그냥 쓰레기에 불과하다. 그런데 의외로 보고를 잘하는 직원들을 만나기가 쉽지 않다.

Place(장소) : 보고는 장소 불문하고 이루어져야 한다.

Occasion(상황) : 상황보고는 업무 중에 발생 가능한 변경사항, 문제점들, 새로운 정보 등이 가미되는 보고로 관심과 집중이 요구되는 보고라 할 수 있다. 보고 시는 가급적 시각화해서 보고하는 습관을 갖길 바란다. 보고 사항을 복잡하게 풀어서 장문의 보고서를 작성하는 것 보단 내용을 시각화하여 단순,

명료하게 보고할 수 있어야 한다.

보고는 항상 결론부터 보고 해라. 그리고 나서 궁금증에 대한 질문에 추후 설명식으로 보고를 해야 한다. 절대로 쓸데없이 변명하거나 본인 치적을 장황하게 설명하려 하지 마라. 정말 내가 제일 싫어하는 보고다.

PDCA 사이클을 실천해야 한다

Plan(계획을 세우기) : 상사의 지시가 생기면 어떻게 일을 진행할 건지 머릿속에서 시뮬레이션을 해보는 것이다. 이건 일을 하는데 있어서 매우 중요하고 인생을 사는데 있어서도 꼭 필요한 습관 같은 거다.

Do(실행) : 계획이나 지시사항을 실행하는 단계이다.

Check(진척 상황을 중간보고하기) : 진행 과정의 점검 및 중간보고 형식이다. 중간보고는 매우 중요하다. 업무가 계획대로 되지 않을 수 있기 때문에 문제점을 사전에 파악해서 중간에 개선점들을 보완하게 되면, 잘못된 결과에 대한 시간, 경비 등을 줄여서 효율의 극대화를 가져올 수 있기 때문이다.

Action(변경사항은 과정도 보고하기) : 업무 중에 발생되는 모든 변경사항은 반드시 보고를 해야 한다. 또한 항상 상사가 묻기 전에 보고를 해야 함을 명심해야 할 것이다.

나는 직원들의 보고에 대해 중요성을 수시로 강조한다. 기기 제조시 하다못해 나사 하나 변경 되더라도 선보고, 후조치를 해야 한다. 물론 보고 후에 채택이 되면 곧바로 전 사원에게 공지해야 함은 필수인 것이다. 사내의 모든 정보는 공유해야 한다는 것이다.

사전보고, 중간보고, 결론보고 등 보고는 질문하기 전에 보고가 되어야 한다. 그리고 나는 보고시 양식에 맞추려고 타이핑으로 시간을 허비하거나 규격에 집착하는 방식은 절대로 못하게 한다. 이면지도 상관없고, 글씨를 못 써도 좋으니 신속한 보고가 되어야 하되 무조건 도표화, 시각화해서 바로바로 보고가 신속하게 이뤄지도록 교육한다. 이것이 내 주문 사항이고 강조에 또 강조를 하는 사항이다.

일을 잘하는 사람이나 사업에 성공한 사람의 공통점은 보고에 대한 중요성을 인식하고 있다는 것이다. 보고는 기업의 혈액과 신경 같은 것이기에 성공하고 싶다면 보고에 충실하길 바란다. 보고를 중요치 않다고 생각하거나, 보고를 게을리 하는 사람은 절대 사업하지 말라. 필히 망한다.

내가 자주 하는 말 중에 게으름의 극치, 무능함에 극치를 달리는 사람들의 공통점은 보고를 모른다는 것이다.

열세 번째 이야기

사업에 성공하려면

사업 성공을 위한 12가지 포인트

"사업하는 사람은 타고나는 것일까?"

외국에서는 스타트업 벤처기업이 대기업으로 성장하는 경우를 많이 본다. 심지어 대학 중퇴자가 성공한 사례도 많아서 '박사 위에 중퇴'라는 말도 있다.

챗GPT 열풍을 이끈 샘 올트먼은 스탠퍼드대학교를 중퇴했다. 빌 게이츠, 마크 저커버그, 스티브 잡스도 그러하다. 이들은 공통적으로 시장의 현재를 간파하고, 미래를 예측하여 사업에서 큰 성공을 거둘 수 있었다.

"사업에 성공하려면 무엇이 필요할까? 나는 과연 사업에 자질이 있을까?"

이에 대해 그 누구든 명확히 답을 하기는 쉽지 않을 것이다. 사람은 태어날 때부터 적성과 자질을 타고 난다기 보다는 후

천적으로 가꿔지면서 본인의 적성이 서서히 발현된다고 생각한다. 그래서 성장하면서, 또는 사회에 진출하면서 본인의 성품을 냉철히 분석할 수 있는 판단력을 키워야 한다. 만약 역량이 부족한 사람이 사업을 하다 실패를 하면 직원, 가족, 거래처 등 모두에게 심각한 민폐를 끼치는 것은 물론, 한 번 뿐인 인생에서 씻을 수 없는 오점으로 남을 수 있기 때문이다.

그러기에 신중하게 접근하되 실기하면 안되고,

혁신을 하되 소비자의 감동이 수반 되어야 하고,

차별화를 하되 경제성이 있어야 하고,

고정관념을 버리되 상상은 자유로워야 한다.

도전을 두려워하지 말고, 과정도 중시하는 책임감이 있을 때 사업가로서 성공을 기대할 수 있다. 또한 사업가는 고독함도 즐길 줄 알아야 하며 본인의 결정에 책임질 줄 알아야 한다. 결코 녹록치 않은 길이지만, 그러한 난관 속에서 만들어지는 성취감은 지난 고생을 충분히 보상하고도 남음이 있을 것이다. 나로 인해 수많은 직원들, 가족들, 거래처들이 행복해지는 것에 보람을 느끼고, 작게나마 국가 발전에 기여했다는 자부심이 외롭고 고독한 사업가의 길을 천직으로 느끼게 하는 매력도 있게 한다.

지난 30년 동안 사업을 해오면서 깨달은 성공을 위한 포인트는 다음과 같다.

success point 1. 아이템

과연 사업 아이템은 무엇으로 해야 할까?

내가 가장 좋아하는 것?

내가 가장 즐길 수 있는 것?

내가 가장 잘 할 수 있는 것?

쉽게 돈을 벌 수 있는 것?

최신 유행에 맞는 아이템?

모두 다 나쁘지 않은 선택이라고 생각한다. 그러나 그 중에서 하나를 선택하라면 '내가 가장 잘 할 수 있는 것'을 권하고 싶다. 내가 분석기기를 사업 아이템으로 정한 이유도 바로 이 때문이다.

즐기면서 사업을 해야 스트레스를 안 받는다고 흔히 주위에서 말을 한다. 또는 내가 좋아하는 일을 해야 한다고도 한다. 하지만 이 세상에 어떤 사업도 마냥 즐기면서 스트레스 안 받고 할 수 있는 일은 없다. 내가 좋아하는 일은 그냥 취미이지 사업이 아니다. 아무리 좋아하는 일이 있어도 그것이 돈과 직결되는 사업이 되면, 그때부터는 전장에 나가는 군인처럼 비장한 각오로 임해야 한다. 내가 좋아하는 일이니 즐기면서 사업을 해야지 하고 섣불리 덤볐다가는 큰 코 다치기 일쑤다. 똑같은 일을 누군가는 목숨 걸고 한다는 것을 명심해야 한다.

또한 '유행하는 최신 아이템, 누군가 대박을 터뜨렸다는 아이템', 여기에 현혹되어서는 안 된다. 사업을 하면 주변에서 이런 얘기를 많이 듣게 되는데 대부분 의미 없는 것들이다. 또 블루오션이니 레드오션이니 말하는데, 이런 것들도 모두 호사가들이 만든 허울 좋은 말잔치라고 생각한다.

나는 어떤 아이템이든 소비자가 찾는다면 성공하게 되어 있다고 생각한다. 가령 시장 골목길에 수없이 많은 떡볶이 가게들 중에서도 유심히 보면 잘 되는 가게만 잘 된다.

이유는 간단하다. 소비자가 원하는 것이 거기에 있기 때문이다. 아무리 '끝물'이라고 말하는 아이템 중에서도 소비자의 니즈에 맞게 현실화시키고, 개발하고, 믿음을 주면 소비자는 찾게 되어 있다. 나만의 특화된 제품으로 품질, AS, 신뢰를 기반으로 소비자에게 다가간다면, 언젠가는 노력에 상응하는 반응이 있을 것이다.

처음부터 대박을 예상해서도 안되고, 얄팍한 눈가림으로 소비자를 우롱해서도 안 된다. 어쩌다 아이템 반응이 좋아진다고 넋 놓고 안주하다가는 경쟁사에 치이고, 소비자에게 외면 받게 된다는 것을 절대 잊어서는 안 된다. 중소기업이 망하는 것은 찰나의 순간보다도 빠르고 재기의 기회가 영영 오지 않을 수도 있다는 것을 뼛속 깊이 새기길 바란다.

항상 차기 제품에 대한 구상과 개발은 목숨 걸고 준비해야 한다. 호황 뒤엔 필히 불황이 오고, 위기 다음에는 노력 여하에 따라 기회의 속도가 달라짐을 절대 인식해야 할 것이다. 또한 사장은 회사에 있으나 없으나 시장의 흐름을 항상 예의주시 하여 앞으로의 방향을 결정해야 한다. 불황일 때 과감히 R&D를 할 수 있는 배짱과 용기도 있어야 한다. 한 번의 방심으로 투자 기회를 놓쳐 소비자의 욕구에 대처하지 못하면 기업의 존재 가치가 사라지게 된다.

근래 들어 반도체 시장이 급변하며 요동치고 있다. 세계 AI 칩 시장의 80%를 차지하는 엔비디아가 메모리 반도체 1위인 삼성이 아닌 2위 업체인 SK하이닉스와 3위 마이크론 하고만 HBM 메모리 반도체 공급 계약을 했다는 것이다.

시장 수요에 따라 생산하고 팔면 되는 D램 메모리와 달리, HBN AI칩은 설계자의 요구에 철저히 맞추는 소위 '을 정신'이 필요하다.

삼성은 이것을 무시했지만 2, 3위 업체는 엔비디아의 요구를 적극 수용해 머리를 맞대고 노력한 결과라 한다. 세계 1위 파운드리인 TSMC가 삼성에 앞서가는 건 기술이 아닌 바로 영업력 '서비스 정신'이라고 한다. 갑보다 갑의 문제를 더 잘 알고 해법을 찾으려는 서비스 마인드가 오늘의 TSMC를 만든 것이다. 반도체의 성공 요인으로는 스피드, 투자, 국제정세에 따라서 결정된다 할 수 있다.

이렇듯 기업의 생존에는 그 기업이 크든, 작든 소비자에 대한 끝없는 서비스 마인드, 실기하지 않는 투자, 끊임없는 신제품 개발을 통해 소비자의 니즈를 충족해가지 않으면 미래를 보장받을 수 없다는 것이다.

success point 2. 신뢰

사회는 안타깝게도 무엇을 하든 인정받는 사람과 그렇지 못한 사람으로 구분되는 것 같다. 비록 적성에 맞지 않는 직장에 취업을 했더라도, 늘 최선을 다함으로써 상사나 동료들에게 인정받는 사람이 있다. 이런 부류의 사람들은 어떤 일을 해도 잘 적응하고 주위에서 인정도 받는다. 또는 미래에 내가 하고자 하는 일과 지금의 일이 무관하게 보여도 이 세상은 놀라울 만큼 유기적으로 연결되어 있어서 그때의 경험, 평가들이 나에게 부메랑처럼 날아들어 온다.

직장 생활이 적성에 맞지 않는다고 건성건성 하는 사람은 제 아무리 본인이 좋아하는 일을 해도 아마 주위에서 인정받을 확률은 거의 없다. 즉 무슨 일을 하던 주위에서 인정받는 사람은 사업을 하다 역경이 와도 최선을 다하는 게 습관이 돼서 위기를 기회로 만들 수 있는 회복력이 생긴다는 것이다. 또한 그렇게 인정받은 것들이 축적이 되면 거미줄처럼 연계된 이 사회에서 나에게 뜻하지 않는 행운들이 찾아오게 된다.

주위에서도 보면 사람들에 대한 신뢰가 어느 정도 확립이 되어 있다.

"저 사람은 믿을 수 있어, 저 사람은 약속을 잘 안 지켜, 저 사람은 항상 늦어, 저 사람은 분위기 파악을 잘 못해" 같이 한번 확립된 신뢰는 잘 변하지 않는다.

작은 것부터라도 신뢰를 쌓고 믿음을 주는 것은 인생에 있어서 매우 중요하다. 이런 것들을 사소한 일이라고 치부할 경우 되돌아 올 후폭풍은 감당하기 어려워질 수도 있다. 이기는 것도 습관이 되어야 하듯, 인정받는 것도 습관이 되어야 한다.

success point 3. 절실함

사업을 처음 시작하는 경우, 과연 어느 정도의 절실함과 진정성이 있는지 스스로에게 물어야 한다. 속된 말로 "목숨 걸고 할 수 있겠는가?"이다.

그런 절실함이 없다면 삭막하고 냉혹한 세계에서 살아남기는 결코 쉽지 않다.

"사업이나 해볼까? 누가 어떤 사업을 해서 대박 났대! 여윳돈으로 사업이나 해볼까?"

이런 부류는 확신하건데 다 망한다. 사회가 그렇게 호락호락하지 않다는 것이다. 또한 본인 성격이 느긋하거나, 낙천적이거나, 비관적이면 절대 사업 근처에도 가지마라. 집안이 풍비박산 날수도 있다.

병에 있는 물의 반을 마시고 남은 반병의 물을 봤을 때 당신은 무슨 생각을 하나?

"반이나 남았네!", "반밖에 안 남았네!"

사업을 하려는 사람은 필히 후자를 택해야 한다. 호황일 때 불황을 대비하고, 불황일 때 호황을 대비해 R&D를 과감하게 할 수 있어야 한다. 그런 배짱과 지혜가 있어야 지속적으로 사업을 끌고 갈 수 있다. 나는 지금도 항상 신제품 개발에 총력을 기울인다. 그리고 그 제품이 시장에서 성공하게 되면, 나는 바로 다음 제품 개발에 들어간다. 분석기기의 경우 신제품 개발에 대략 3~5년 정도가 걸리기 때문에, 당장 기존 제품이 잘 팔린다고 안주하면 안 된다. 지속적으로 회사의 이익을 재투자해 나가는 자세가 중요하다.

success point 4. 책임감

사업을 왜 할까? 당연히 돈을 벌기 위해서다. 그런데 돈만 쫓는 경우 일시적으로 돈을 벌 수 있겠지만, 이것이 다가 아니라는 것을 바로 깨닫게 된다. 어느 순간부터 책임감을 갖게 되고 무거운 의무감도 갖게 된다.

사업은 이익을 목적으로 하지만 공익적 책임도 뒤따른다. 나를 믿고 일하는 직원들, 그 직원들의 가족, 거래하는 모든 거래처들 등 어느 순간 사업은 내 것이 아닌 우리의 것이 되어 가게 되고, 사장은 그런 모든 것들이 순항할 수 있도록 고심하고 책임을 갖고 있어야 한다.

미래를 고민하고, 기초과학 발전에 조금이라도 기여할 수 있는 방법을 고민하고, 분석기기의 변방인 우리나라를 세계 속에 자리 잡도록 국산화에 노력하고, 그렇게 작은 것부터 시작해서 거시적 관점을 갖고 개발하다보면 회사의 틀은 점점 강해지고 기업의 이익은 자연스럽게 증가할 수 있다고 확신한다.

커다란 숲을 보되 나무 하나하나의 디테일을 생각하면서 무한책임과 과학 발전에 일조하겠다는 신념이 함께 해야 하지 않을까 싶다. 어떻게 보면 이런 말들은 힘들게 사업하고, 불황을 겪고 있는 사업주들에게는 배부른 소리로 들릴 것이다. 당장 먹고 살기도 힘든 판에 내일을 생각할 겨를이 어디 있겠나? 틀린 말은 아니다. 하지만 사업을 평생의 업으로 생각하고 시작했다면, 거시적 예측을 간과할 경우 오늘의 어려움이 내일에도 1년 후에도 반복되어 올 수 있으니 신중하게 판단했으면 한다.

"재벌은 하늘에서 내리고, 사람의 그릇은 타고 난다"고 한다. 나도 어느 정도 수긍이 가는 말이다. 사업을 하면서 느끼는 것은 내 능력의 한계성이 보인다는 것이다. 사업의 규모가 한 단계 성장을 위해서는 많은 조건들이 있어야 하는데 내가 더 이상 가질 수 없다는 것을 느끼곤 한다. 큰 재벌은 못되어도 나의 한계성까지 최대한 끌어올리는 것만으로도 나는 내 생에 만족하고 행복한 삶을 가질 수 있을듯 하다.

만약 나의 한계까지 노력도 못해 본다면 아마도 후회스런 삶이 되지 않을까 싶다. 우리의 한계까지 도전하고 노력해서 우리의 잠재능력을 최대한 끌어올리는데 최선을 다해 본다면 한 번뿐인 인생이 후회나 미련이 남지 않는 인생으로 되지 않을까 생각된다.

아름다운 삶이란 무엇일까? 한번 밖에 없는 인생 속에서 최선을 다했다고 자신할 수 있을 때가 바로 가장 아름다운 순간이 아닐까?

success point 5. 원칙

사업을 하는데 있어서 원칙은 아무리 강조해도 지나치질 않을 것이다.

원칙이라고 하면 경직된 사고방식이 떠오를 수도 있으나, 내가 말하고 싶은 원칙은 초심을 잃지 않고 소비자를 위한 마인드를 유지하라는 것이다.

원칙을 지키기 힘들다고 한 번, 두 번 무시하게 되면 그건 반칙이 되는 것이고, 반칙이 반복되면 위선과 거짓으로 포장되기에 결국 소비자가 외면하게 됨을 명심해야 한다.

사업이 안정권에 들어서면 많은 사업가들은 그 안정궤도에 안주하기 십상이다. 어제도 좋았으니 오늘도 내일도 큰 이변이 없는 한 잘 될 것이라고 생각한다. 하지만 그렇게 넋을 놓고 있을 때가 가장 위험할 때라는 것을 알아야 한다. 그 순간에도 경쟁사들은 발바닥에 땀이 나도록 노력하고 있다는 것을 잊어서는 안 된다.

변온동물인 개구리는 물 온도가 서서히 뜨거워져도 방심하다가 그대로 삶아 죽게 된다. '깨진 유리창 이론'은 뉴욕의 한 건물에서 깨진 유리창을 그대로 방치했더니 며칠 사이에 주위의 모든 유리창이 깨져있더라는 것이다.

경쟁사에 대한 위기의식을 못 느끼고 안주해서는, 자신의 문제점을 알고도 방치해서는 결국 한 순간에 수습이 불가능하게 된다는 점을 깊이 새겨야 한다.

"이 정도는 그냥 넘어가도 되겠지", 그러다 정말로 영원히 넘어간다.

나는 나름의 원칙을 세워서 창업 후 지금까지 30년째 지키고 있다.

첫 번째 원칙은 '지각하지 않는다'이다.

나는 특별한 일이 없으면 무조건 9시 전에 출근한다. 주위에 사업하는 사람들에게 이런 말을 하면 비웃듯 "사장이 피곤하거나 술 마신 다음 날엔 늦게 출근하는 거지, 그렇게 고지식하게 사냐"고 말했던 사람들은 모조리 사업을 접었다.

한 번은 직원이 사표를 냈기에 이유를 물어보니 자기도 사장이 되어서 쉬고 싶을 때 쉬고, 일 하고 싶을 때 일하고 싶다는 것이다. 그 말에 나는 속으로 한숨을 쉬었다.

사장의 작은 행동 하나하나가 직원들에게는 하나의 표준이 될 수 있다. 따라서 사장은 항상 모범이 되고 기준이 되어야 한다. 사장의 존재만으로도 직원들은 긴장하게 되지만, 어느 정도의 긴장은 업무의 활력소가 된다고 생각한다. 물론 그렇다고 조직 분위기를 경직되게 하겠다는 의미는 아니다. 질서 속에 자유가 있고 자율적인 조직문화를 만들기 위해서는 사장도 직원도 서로 존중하고 배려하되 본임 업무에 최선을 다해야 한다는 것이다.

두 번째 원칙은 '우리 회사가 판매한 제품은 평생 보장한다'이다.

나는 회사 슬로건을 '우리 회사가 판매한 제품은 평생 보장한다'로 정해 지금까지 철저하게 지켜오고 있다. 사업 초창기만 해도 많은 분석기기 판매 업체들이 제품을 판매한 후에 AS는 나 몰라라 하는 경우가 많았다. 고객이 AS 한 번 받으려고 전화라도 하면 불친절하기가 정말 하늘을 찔렀다. 내가 연구실에서 근무할 때 이쪽 분야가 특수 분야이다 보니 제품 AS나 소모품을 교환하기가 너무 힘들어 고생을 많이 했었다. 그리고 영세업체들이 많다 보니 제품을 판매한 후에 소리 소문 없이 사라지는 업체들도 부지기수였다.

나는 우리 제품에 대해 어떤 문의가 와도 최대한 친절하고 신속하게 응답하도록 직원교육을 반복적으로 했다. 조금이라도 불친절하거나 늑장 처리를 하다가 발각되면 가차 없이 불호령을 내렸다. 아무리 사소한 AS라도 무조건 친절하고 신속하게 처리해야 한다. 그러한 배려가 쌓이고 쌓여 또 다시 구매로 연결된다는 것을 절대 잊지 마라. 수천만원을 들여서 광고하는 것보다, 영업사원이 수십 번 찾아가는 것보다 더 확실한 광고 효과가 있음을 절대 잊지 말라.

분석기기의 감가상각이 보통 6~7년이고 길어야 10년 안팎이다. 그러나 우리 제품들은 20년 이상 사용하고 있는 연구실도 상당히 많다. 이런 제품들을 볼 때마다 나는 무한 자긍심을 갖는다. 외산을 국산화 한 것도 있지만, 외산보다도 사용 수명을 더 연장시켜서 20년 이상 사용하는 것은 물론이고, 런닝 코스트의 대폭적 절감은 또 하나의 애국이 아닐까 생각한다.

또 우리 회사는 4S 운동, Customer Sensation · Before Service · In Service · After Service를 사업 초기부터 시작해서 지금까지 실행해오고 있다. 아마도 Before Service, In Service라는 용어는 내가 국내 최초로 사용하지 않았나 싶다.

Customer Sensation

이제는 고객만족(Satisfaction : 사업 초기에는 이 단어였다)이 아닌 '고객감동'이 수반되지 않으면 앞으로 기업의 운명은 풍전등화와 다르지 않을 것이다. "나는 소비자다"라는 마음으로 소비자를 위한, 소비자에 의한 제품을 연구하고, 개발하고, 제작해 나가지 않으면 기업의 미래는 없는 것이다. 제품을 디자인, 설계, 제작할 때 제작자들이 가장 견디기 힘든 유혹은 제작자의 편리를 우선할 것인가, 아니면 소비자의 편리를 우선할 것인가의 갈림길에 섰을 때다. 제작자의 편리성을 우선 하게 되면, 생산성도 좋아지고 제작 시간도 단축시킬 수 있지만, 소비자 입장에서는 기기 운영, AS, 관리 등에 불편이 가중될 수 있기 때문이다. 만약 이런 경우에는 무조건 소비자를 위한 제품으로 설계, 제작이 이뤄져야 한다. 비록 생산성이 떨어지고 단가 상승이 있더라도 말이다.

Before Service

다소 생소할 수도 있는 용어가 아닌가 싶다. 제품에 대한 의뢰가 접수되면 연구원들의 분석 목적에 맞는 정확한 제품을 소개하고, 설명하고, 견적을 내야 하는 것이 자사의 의무다. 연구원이 A라는 분석을 원하는데, B라는 제품을 소개하면 결과가 어떻게 되겠는가? 조깅화를 사러 갔는데 점원이 축구화를 내준 꼴이 되는 것이다.

소비자가 요구하는 제품의 정확한 이해와 그에 상응하는 제품 추천이 필히 수반되지 않으면 백전백패다. 나아가 소비자가 가격을 중요시 하는지, 실험의 정확한 데이터를 중요시 하는지, 신속한 실험 데이터를 원하는지, 실험실 공간에 기기 사이즈가 구애를 받는지, 기기를 설치할 때 요구되는 제반 조건들이 연구실 내에 구비되어 있는지 등을 영업사원들은 정확히 파악하고, 이해하고, 설명할 수 있는 능력을 키워야 한다. 그러기 위해서는 공부가 최선이다. 제품을 판매하기 이전에 영업사원은 일단 소비자와의 교감이 필히 선행되어야 하며, 그렇게 선행된 Before Service 는 제품의 주문으로 연결된다는 것을 절대 잊어서는 안 될 것이다.

In Service

Before Service를 통해 제품 주문이 들어오면 소비자가 원하는 날짜, 시간, 용도에 맞게 정확히 납품이 되어야 하며, 연구실 사전 점검으로 기기 세팅시 불편함이 없도록 설치를 마쳐야 한다. 그러기 위해서는 연구실 조건들을 사전에 필히 파악해야 한다.

또한 기기 설치가 끝나면 기기를 담당할 연구원을 정확히 파악하여 운영과 관리에 대한 정확한 교육이 이뤄져야 한다. 이것도 역시 매우 중요한 사항이다. 기기의 완벽한 설치와 작동법, 그리고 연구원의 이해도에 따라 제품이 일류냐 삼류냐가 판가름 날 수 있기 때문이다. 그러기 위해서는 연구실에서 인수인계를 소비자가 만족할 때까지 반복에 반복 설명을 해야 할 것이다.

After Service

'우리 회사가 판매한 제품은 평생 보장한다'라는 슬로건을 통해 지난 30년 동안 제품에 대한 AS를 철저히 지켜왔다.

말로만 평생 보장이 아닌, 제품의 평생 보장을 위해서는 친절이 우선 바탕이 되어야 하고, 완벽한 서비스를 실행할 때 비로소 제품의 신뢰도와 기업의 안정화가 수반될 수 있다.

사실, 이렇게 원칙을 정해놓고 미련할 정도로 지켜나가는 것이 생각보다 결코 쉽지 않다.

원칙을 세우는 순간부터 스스로에게 타협을 하게 되고, 그것을 정당화하고자 하는 것이 어쩌면 인지상정일 수도 있다. 하지만 그러다 보면 어느새 자기 착각에 빠져 원칙을 망각하곤 한다. 또는 원칙은 직원들의 몫이라고 착각하면서 본인은 특별한 사람처럼 행동하는 사업가는 결코 미래가 보장될 수 없음을 잊지 말아야 할 것이다. 사장이든 직원이든 원칙에 있어서는 절대 예외가 없어야 한다. 또한 사장이 솔선수범하지 않으면 그 어떤 원칙도 유지될 수 없다는 것을 인식하여야 한다. 원칙의 무시는 기업의 불신으로 돌아오게 된다.

연주가가 하루 연습을 건너뛰게 되면 본인이 알고, 이틀을 안 하면 관객이 알고, 삼일을 안 하면 모두가 안다. 우리가 세운 원칙의 파괴는 언젠가 모두가 알게 된다는 것이다.

삼국지를 읽어 본 사람은 잘 알겠지만, 위·촉·오 삼국이 치열한 전쟁으로 사회가 어지러울 때 식량은 매우 중요한 전쟁물자였다. 그래서 곡창지대를 확보하는 것은 나라의 존립을 좌우하는 중차대한 일이었다. 조조는 전쟁에서 이긴 적진에서 민심을 얻고 군법의 위엄을 지키기 위해서 수확을 앞둔 농민의 밀밭을 훼손한 자는 목을 치겠다고 추상같은 명령을 내린다. 그런데 공교롭게도 조조의 말이 놀라면서 주위의 밀밭을 망가뜨리게 되는 사건이 발생하게 된다.

나는 삼국지를 읽었을 때, 이 대목이 매우 흥미로웠다. 여러분이라면 어떻게 했을까?

조조는 칼을 빼들어 자신의 목을 치려하자, 주위 대신들이 주군의 목숨은 보전되어야 한다며 극구 말리게 된다. 그러자 조조는 자신의 목숨과 다름없는 본인의 상투를 잘라 버린다.

조조는 비록 자신의 목을 치진 않았지만, 상투를 자름으로써 존엄한 군령을 솔선하였기에 군기를 확립할 수 있게 되었고, 본인의 위신도 세울 수가 있었다. 즉 존엄한 군령 앞에선 어떤 예외도 있을 수 없다는 것이다. 리더가 실천하지 않는 원칙은 그냥 쓰레기에 불과하다.

또한 같은 연장선에서 어떤 경우에도 제품 사고가 발생해서는 안 된다. 일례로 1%의 불량은 회사 입장에서는 100대 중에 1대일뿐이지만, 그 불량 1대를 구입한 소비자에게는 당사 제품의 불량률은 100%라는 것이다. 이런 마인드를 교육하고 기업의 문화로 정착시키지 않으면 기업의 존립성은 위협받을 수밖에 없다.

최고의 제품은 직원과 사장의 동질감과 교육된 목표의식 속에서 탄생된다고 나는 확신한다. 그러기 위해서는 사장이라는 특권 의식부터 버려야 한다.

그 시작의 실천은 바로 사장과 직원들 간의 믿음이 기초해야 할 것이다. 오늘날의 삼성이 있기까지는 이건희 회장이 목숨 걸고 추진한 세계 초일류 기업으로의 성장을 위한 강력한 '신경영'이 자리하고 있다. 그 유명한 '1993년 프랑크푸르트 주재 회의', 판매를 위해 전시된 삼성 제품이 홀대받는 현장을 보고 대노한 이 회장이 국내 임원 200여 명을 독일로 불러 장장 10시간 동안 '신경영'을 강조한 것으로 유명하다.

"최고의 품질을 만들어라", "세계 최고의 제품을 만들어라" 이른바 품질경영의 시작이라 할 수 있을 것이다.

그러자 당시 회의에 참석했던 모 실장이 "품질도 중요하지만 양(量)도 중요하다. 경쟁사인 Sony와 품질, 가격을 비슷하게 제조하면 누가 삼성 제품을 사겠는가? 다시 말해 품질보단 싸고 많이 만들어서 시장에 풀어야 한다. 그렇지 않으면 삼성은 망할 수밖에 없다"고 나서자, 갑자기 어디서 "쨍그랑" 소리가 났다고 한다.

모 실장의 말에 이 회장의 감정이 격해져, 티스푼을 집어던지면서 "나는 삼성이 초일류 기업으로 가는데 내 전 재산, 목숨, 명성을 걸었다"며 극대노한 것이다.

또 1995년 삼성전자 구미공장에서 있었던 '불량제품 화형식', 1993년부터 생산된 전화기, 팩시밀리 등 전자제품의 불량률이 12%대에 이르자, 이 회장은 "돈 받고 불량품을 파는 것은 사기"라고 대노하면서 직원들 앞에서 재고를 모두 다 태운 사건이다. 그 이후 불량률이 2%대로 떨어졌고, 삼성은 초일류 기업으로 성장해가게 된다.

나의 철학 중에 하나는 '새 술은 새 부대에 담아야 한다'는 것이다.

새로운 경영을 위한 혁신을 기존의 타성에 젖은 사람들과 함께 한다는 것은 불가능하다. 새로운 혁신은 기존 사람들에게는 단지 또 하나의 귀찮고 불편한 일거리에 지나지 않기 때문이다. 그렇다고 채용조차 어려운 중소기업에서 기존의 직원을 해고하고, 새로운 사람을 채용한다는 것은 불가능하고, 계속 같이 하자니 혁신을 통한 미래를 열기 어렵고, 이러한 문제들로 인해 많은 고민에 빠질 때가 한두 번이 아니었다.

그래서 나는 직원들의 정신교육을 위해 회사 지침서를 마련해, 월요일 아침 주간회의 때마다 전 직원이 30년째 낭송하고 있다. 모든 직원은 '휴먼화'가 되어야 한다. 분석기기 마인드로 재무장되지 않으면 이 바닥에서 살아남는 것은 불가능하다. 부서별로 낭송되는 지침서는 다소 차이가 있지만 대략 다음과 같다.

2023년 휴먼 전 제품 숙지 및 매출에 매진하시오

1. 우리가 살길은 오로지 신제품 출시 및 品質임을 명심하시오

2. 모든 업무에 적극적인 사람이 되시오

3. 소통하고 공부하고 報告를 철저히 하시오

4. 분석기기, 초순수제조장치에 적합한 마인드와 환경을 필히 유지시 키시오

5. 매너리즘을 타파하시오

6. 고객을 감동시키시오
   (고객 니즈 파악, 철저한 AS 정신, 납기 철저, AS 지연 절대 금지)

7. 자사 제품에 대해 철저히 공부하고 인지하시오

8. 보고는 철저히 하시오
   (결론부터, 도표화 · 시각화, 묻기 전에, 수치로 보고 하시오)

9. 부서장들은 수시로 부서원 교육 및 테스트에 만전을 기하시오

10. 부서별 지속적인 커뮤니케이션 및 신속한 업무 대처를 위해 최선 을 다하시오

11. 모든 업무 처리시 모르면 절대 하지 마시오

12. 설치, 제조, 업무시 이상이 감지되면 올 스톱 하시오

13. 어떠한 경우라도 비도덕적 행위는 절대 금하시오

14. 어떠한 경우라도 음주운전은 절대 금하시오

15. 설치 및 제조의 조건에 따라 '휴먼'의 미래가 좌우됨을 절대 인식 하시오

success point 6. 상식적인 사람

모든 사람이 사업에 성공할 수는 없다. 평균적으로 5년 생존 기업이 약 30%, 10년 생존 기업은 약 20% 미만이라고 한다. 기업의 흥망성쇠는 여러 가지 이유가 있겠지만, 그 중에서도 기업의 오너가 어떤 생각과 어떤 정신으로 경영하는가에 달려 있다고 생각한다.

내가 L그룹 입사 후 발령받은 계열사에서 사장님의 훈시가 있었는데, 그 훈시를 나는 지금도 좌우명으로 삼고 있다.

> ▶ 상식적인 인간이 되라
> ▶ 문제점을 찾을 수 있는 사람이 되라
> ▶ 찾아진 문제점을 해결할 수 있는 사람이 되라

정상적인 상식만 있다면, 사업가로서의 자질을 99% 갖췄다고 생각한다. 그만큼 상식적인 마인드가 중요하다. 아무리 어려운 문제라도 소비자 입장에서 바라보면 답이 나온다. 그러나 여러 가지 이유로 사람들은 비상식적인 행동들을 많이 한다. 정말 대부분이 그렇다.

아주 간단한 것인데도 상식 밖의 행동을 자주한다. 우리 주위에 사업가로서 성공한 사람이 그다지 많지 않다는 것은 그만큼 상식적이지 않은 사람이 많다는 것을 반증한다. 물론 상식적인 마인드만 있다고 해서 무조건 사업에 성공한다는 것은 아니다.

사업은 항상 성장과 위기가 연속되는데, 정말 상식이 요구되는 시점은 위기가 왔을 때이다. 그런데 이때 많은 오너들이 이성보다는 감성에 치우쳐서 잘못된 판단을 하는 경우가 많다. 물론 위기 앞에서 지푸라기라도 잡으려는 심정은 이해가지만 이럴 때일수록 냉철함을 갖고 정신 줄을 가다듬어야 한다. 순간의 실수가 돌이킬 수 없는 길로 갈 수 있기 때문이다.

내가 30년 동안 사업을 하면서 느끼는 것 중에 하나가 내 눈에는 하자들, 즉 개선해야 할 것들이 부지기수인데 직원들은 그것들을 못 본다는 것이다. 심지어는 왜 개선을 해야 하는지 필요성도 느끼지 못하는 경우가 많다. 그 이유는 개선을 하려면 시간, 노력, 아이디어가 필요한데, 평소에 아무 생각 없이 회사를 다니다보니 그 자체가 귀찮고 불필요하다고 생각하기 때문이다. 그래서 종종 "문제를 알면서도 왜 개선하지 않았냐?"고 물어보면, 거의 대부분이 "원래 그렇게 했는데요?"라고 오히려 반문을 한다.

이런 말을 들으면 정말 한심하다. 제품을 개발하고 개선하는데 있어 '원래'가 어디 있나? 그렇게 따지면 이 세상은 아직도 원시시대에서 벗어나지 못했어야 맞지 않나. 기존의 기술을 바탕으로 새로운 기술을 끝없이 접목시키고 연구하여 업그레이드 된 제품을 만드는 것이 정상 아닌가? 그래야 회사의 매출도 늘고 복지도 좋아지고 급여도 오르는 것 아닌가. 당장의 편안함에 만족하려 한다면 우리의 미래는 참담할 뿐이다.

success point 7. 이기는 습관

'실패는 성공의 어머니'라고 한다. 실패를 통해서 많은 경험과 노하우를 배울 수 있다는 것이다. 물론 틀린 말은 아니다. 비 온 뒤에 땅은 더 굳어지듯 말이다.

그러나 나는 항상 "실패할 시간이 없다"고 다짐했다. 실패를 통해서 배우기에는 내 생활이 너무 궁핍했다. 그리고 "실패는 그냥 실패일 뿐이다"라고 생각한다. 10평도 안되는 시장 사무실에서 일과 숙식을 해야 했고, 시골집을 담보로 시작한 사업이라 잘못하면 나뿐만 아니라 어머니, 식구들이 길거리 신세가 될 수밖에 없었으니 말이다. 어디 주위를 둘러봐도 기댈 구석이 전혀 없다보니, 실패라는 것은 아예 생각도 안 해봤다. 나에게 '실패는 성공의 어머니'라는 말은 여유 있는 사람들의 배부른 소리로 밖에 안 들렸다. 또한 실패를 통해서 성공할 수도 있겠지만, 실패가 습관이 되는 경우도 다반사로 주위에서 볼 수 있었다.

책을 보다 좌우명처럼 된 말 중에 '이기는 습관'이 있다. 이기는 것도 실패하는 것도 습관이라는 것이다. 성공의 쾌감을 느껴본 사람만이 또 다른 성공을 위한 노력을 하고 성공의 비법을 터득해 나갈 수 있다. 이겨본 사람만이 이길 수 있는 '이기는 습관(Winning habit)'을 꼭 가져보길 바란다.

그러기 위해서는 우리 제품에 대한 정확한 이해가 선행되어야 하며, 나아가 경쟁사 제품도 완벽하게 이해해야 한다. 그래야만 소비자에게 경쟁사 보다 우리 제품의 무엇이 장점인지를 자신 있게 설명할 수 있기 때문이다. 판매자가 제품에 대한 강력한 확신이 없는데, 그 어떤 소비자가 우리 제품을 구매하겠는지 생각해보기 바란다. 따라서 이기는 습관을 갖기 위해서는 "첫째도 공부, 둘째도 공부, 셋째도 공부다." 정말 중요한 말이다. 실패는 그냥 실패일 뿐이다.

success point 8. 적극적 사고방식

사람들을 만나다 보면 다양한 성격들을 갖고 있다는 것을 느낄 수 있다.

어떤 사람은 항상 부정적인 사람이 있다. 사업이 안되면 왜 안되는지 나부터 반성하고 숙고해야 하는데 항상 남 탓을 한다. 내 문제점을 찾는데 게을리 하거나 무시하면 절대로 좋은 기업을 만들 수 없다. 반면에 너무 낙관적인 사람들도 문제다. 긍정과 낙관은 천지 차이다. 긍정은 노력에 대한 좋은 결과를 기대하는 것이고, 낙관은 노력도 안하면서 운만 바라는 것이다. 누가 봐도 아닌 것 같은데 무한 믿음으로 사과가 떨어지길 기대하는 사람들이 의외로 많다.

나는 어떤 사람인가? 어떤 문제가 생기면 회피하는 형인지, 남에게 의지하는 편인지, 남을 탓하는 형인지, 스스로 문제 속으로 들어가 해결하려는지 냉철하게 판단해 보길 바란다.

기업은 항상 위기와 기회가 반복되는 곳이다. 위기가 왔을 때 사장이 회피한다면 더 이상 그 기업은 존재 의미가 없어질 것이다. 나는 위기가 오면 많은 생각을 한다. 사실은 위기가 아니더라도 회사에 대한 생각을 정말 많이 하는 편이다. 그러다 보면 어떤 문제에 대한 해결책이나 새로운 아이디어가 불현듯 떠오른다.

기업 사장들에게는 생각을 통한 브레인스토밍을 적극 추천한다. 그리고 생각을 생각으로 끝내선 안 된다. 생각을 통해 아이디어, 해결책이 떠오르면 적극적 믿음으로 도전할 수 있는 용기도 기업가에겐 매우 필요한 정신이다.

success point 9. 창조적 파괴

일본 홋카이도에 있는 작은 동물원 '아사히야마'는 불황의 연속으로 폐업 위기에 처하게 되는데, 사육사 신조의 기발한 아이디어로 동물원을 위기에서 구하게 된다.

신조가 생각해낸 아이디어는 "펭귄을 날게 하라"였다. 원래 날지 못하는 펭귄을 동심으로 돌아가 날게 한다면 어떨까? 그래서 나온 것이 터널식 수족관을 만들어서 관객들 머리 위로 펭귄이 마치 나는 것처럼 보이게 한 것이다.

이러한 신조의 창의적 아이디어는 동물원 원장의 "실패한 인간보다는 목표 없는 인간이 더 가엾다"는 말 한마디에서부터 시작되었다고 한다.

기업의 존재는 창조로부터 시작된다. 누가 먼저 창조 후에 시장을 주도하느냐로 기업의 미래를 예측할 수 있다. 김치냉장고, 다이슨선풍기, 스타일러 등처럼 퍼스트 무버(First mover)만이 시장의 이권을 독차지할 수 있음을 명심해야 한다.

그러기 위해서는 끊임없는 생각과 아이디어를 씽커 토이(thinker toy)로 생각하면서 즐겨야 한다. 그렇지 않으면 패스트 플로워(Fast follower)가 되어서 자사 시장에 맞게 디자인하고 설계할 수 있는 능력을 키워야 할 것이다.

success point 10. 해외시장

1989년 베를린 장벽이 붕괴되고, 인터넷 웹사이트가 개발되면서 세계는 이데올로기 시대에서 자본주의 시대로 급격히 변화하기 시작했다.

그 변화의 파장은 상상 이상으로 빠르고 넓게 퍼져갔다. 국내 시장에서 안주하던 기업도, 보호받던 기업도 이제는 소위 계급장 떼고, 세계무대에서 정정당당하게 제품으로 승부를 겨루지 않으면 안되는 세상이 된 것이다.

그에 비례하여 해외시장 개척을 먼 미래로만 생각했던 기업들도 이제는 해외로 눈을 돌려 더 넓은 세상에서 기업 활동을 할 수 있는 기회도 함께 찾아 온 것이다. 그러기 위해서는 글로벌 마인드를 가지고 해외시장에 대한 막연한 두려움에서 벗어나야 할 것이다.

오로지 제품의 품질과 서비스에 모든 것을 걸고 세계의 경쟁사와 붙어보는 거다. 중소기업의 해외 도전은 쉽지 않을 수 있으나, 쉽지 않기에 도전할 가치가 있다고 생각한다. 막상 그렇게 해외시장에 진출하다 보면 동종 업체들의 동향, 정보, 특징들도 한 눈에 들어오게 되고, 막연한 두려움을 가졌던 해외시장도 해볼만 하다는 자신감도 생기게 된다.

그러기 위해서는 경쟁사에 대한 철저한 분석, 국제무대에 대한 상식(역사, 지리, 종교, 음식, 선호 색깔 등), 또 영어 공부가 먼저 철저하게 선행되어야 할 것이다.

상대방이 원하는 것이 무엇인지 고민하고 연구해서 완벽한 제품을 출시하게 되면, 세계 시장의 벽도 그렇게 높지는 않다.

success point 11. 지피지기면 백전백승

나는 지금도 직원들에게 "우리 제품에 대해서는 그 누구보다도 잘 알고 있어야 한다"고 자주 말한다.

어쩌면 당연한 얘기처럼 들릴지 모르지만, 실제로 직원들과 얘기를 해보면 의외로 자사의 제품을 잘 알지 못하는 경우가 많다. 물론 업무에 따라 다른 부서의 제품을 잘 모를 수도 있지만, 그래도 최소한 회사의 직원이라면 우리 회사의 제품에 대해 소비자에게 설명할 수 있는 수준은 되어야 한다. 직원도 우리 회사의 제품을 제대로 모르는데, 고객은 어떻게 알겠는가 말이다.

또한 경쟁사나 관련 시장에 대해서도 열심히 공부를 해야 한다. 우리 제품은 아는데 남의 제품을 모르면, 이는 반만 아는 것이다. 그 제품을 완전히 이해하려면 나를 알고, 남도 알아야 한다. 사업에서 지피지기면 백전백승이란 말을 꼭 명심하기 바란다.

success point 12. 노블레스 오블리주

가난했던 지난 시절을 보상받고 싶어서 힘들고 어려워도 사업을 시작했는데, 열심히 살다보니 많은 책임감을 갖게 된다. 공공의 이익을 생각하게 되고, 사업이 주는 가치를 생각하게 되고, 주위를 돌아보게 된다.

그런데 그런 일종의 사명감이 오히려 사업에 대한 자부심과 행복감을 줄 때가 많다. 책임이라는 무게보다는 나로 인해 직원들, 직원 가족, 또 내 가족들이 함께 할 수 있다는 것에 감사하고, 나름 국내 과학 발전에 기여하고 있음에 자부심도 많이 느낀다. 요사이 돌이켜 보니 정말 좌절할 만큼 어려울 때도 많았지만 그래도 사업하기를 잘했다는 생각이 든다.

일부 기업 사장들의 횡포와 도덕불감증으로 인해 기업에 대한 인식이 안 좋은 경우도 있지만, 대부분의 기업 오너들은 나보다는 기업을, 직원을, 사회를 더 걱정하며 열심히 일하고 있다.

▲ 독일 Frankfurt Messe

▲ 독일 Achema 전시회

▲ 미국 Pittcon 전시회

▲ 한국 우수 상품 국제 전시회(중국, 일본, 인도)

▲ 100대 우수제품 선정(특허청)

열네 번째 이야기

기회, 만남 그리고 이별

내 삶의 그림자가 된
만남과 이별

인생을 살면서 우리는 많은 만남과 이별의 순간들을 맞는다. 새로운 만남이 인연이 될지, 악연이 될지는 그 누구도 알수 없지만 만남 그 자체에 대해서는 늘 가치를 두고 신중을 기할 필요가 있다.

누구나 인생에 3번의 기회는 찾아온다고 말을 한다. 그러나 살면서 기회라는 것이 왔는지도 모르고 지날 때가 대부분이다. 나는 그 기회라는 것의 많은 부분은 사람과의 만남에서오는 것이 아닐까 생각한다. 그런데 사람과의 만남을 통해 오는 기회가 만남 자체로 보면 아이러니하게도 인연이 아닌 악연인 경우도 있다. 나 또한 사람을 통해서 기회가 찾아왔다고생각한다. 그러나 그 만남이 기분 좋은 인연이 아닌 악연으로변한 경우도 있다.

이런 것을 보면 누구를 만나든 사람과의 만남을 결코 가볍게 여겨서는 안 될듯 싶다. 물론 그렇다고 사람과의 만남을 이기적으로 자신의 이익에 부합되는 사람만 만나라는 뜻은 아니다. 혹자는 계산적으로 사람을 만나는 경우가 많은데, 그런 경우는 경험상 오래가지 못한다.

그런 이기적인 생각은 상대방도 몇 번의 만남 속에서 꿰뚫어 볼 수 있다는 것을 정작 본인은 모르고 있다. 그러면 오던 복도 달아나니 사람을 만나되 절대 본인의 이익만을 위해 이기적인 생각으로 만나지 않았으면 한다. 그러다 결국 자기 꾀에 자기가 걸려들게 된다.

돌이켜보면, 나는 내 의지보다는 사람들과의 만남에서 삶의 방향이 정해진 경우가 많았던 것 같다. 어떻게 보면 내 능력이나 실력보다는 과대평가해 준 지인들의 관심으로 내가 여기까지 오지 않았나 싶다. 그래서 얻은 교훈이 어디에서든 최선을 다해야 한다는 것이다.

설령 어떤 일이 적성에 맞지 않더라도 최선을 다하고, 신용을 지키다 보면 주위에서 믿고 맡길 수 있는 사람으로 평가되기에 또 다른 만남을 이어갈 수 있다고 생각한다.

내 인생의 전환점이 되었거나, 그 만남으로 인해 생긴 기회를 정리해보면 다음과 같다.

#아버지의 선물

아버지가 고등학교 입학 전에 선물로 사주신 통기타 하나가 나를 음악이라는 세계에 빠져들게 했다.

#MC

대학교 동아리에서 만난 회우부장의 권유로 우연찮게 레크레이션 MC를 맡게 되면서 각종 축제, 환영회, 행사 등에서 사회를 맡아 학비 및 생활비를 벌수 있게 되었다.

#창업의 기회

연구실에서 근무할 때 알게 된 거래처와의 인연으로 분석기기 시장을 처음 알게 되었다. 당시 나는 급여 생활로는 현재의 형편이 개선될 조짐도 안 보이고, 그렇다고 안정된 대기업을 박차고 나가자니 용기도, 자본도, 사업 아이템도 막연해서 엄청난 갈등을 할 때였다. 그렇게 6개월을 밤잠 설쳐가며 고민하다 사표를 쓰고 퇴사를 결정했다. 그 후에 그 거래처에서 잠깐 일을 하게 되었는데, 그 만남은 잊을 수 없는 악연으로 남아 있으면서도, 한편으로는 내가 홀로서기를 하게 된 결정적인 계기가 됐다.

나는 대기업에 취업하여 나름 만족도 했고, 평생직장으로 생각하면서 정말 열심히 일했고 인정도 받았다. 그러다 정작 퇴사 후 사업을 시작해보니 그 세계는 내 생각과는 전혀 다른 세상이었다. 직장생활을 10년, 아니 30년을 한다고 해도 사회에 나오면 그냥 사회 초년생인 것이다. 급여를 받는 세계와 홀로 사회에 나와서 돈을 벌어야 하는 세상은 완전 딴 세상이었다. 그 세상은 생각보다 훨씬 더 혹독하고 가혹했다. 회사에서 욱한 마음에 사표 쓰고 나와서 "사업이나 해볼까"라고 가볍게 시작하지 말 것을 신신 당부한다. 물론 사업을 시작해서 단기간에 대성하는 사람들도 많이 있겠지만, 절대로 가볍게 생각할 만큼 이 사회는 당신을 위해 그렇게 호락하지 않다.

#아내와의 만남

아내와의 만남은 내게 찾아온 인생의 2번째 기회였다. 아내를 만나 내 생활이 안정을 찾게 된 것은 물론, 해외시장으로 사업을 확대할 수 있게 되었다. 분석기기 대부분이 수입에 의존하고 있었고, 수입 라인들 대부분이 국내를 장악하고 있는 상황에서 새로운 브랜드를 발굴해서 국내 시장에 정착시킨다는 것은 거의 불가능한 일이었다. 그래서 유럽 시장으로 눈을 돌리게 되었고, 유럽 시장을 개척하기 위해서는 숙달된 해외 비즈니스 담당자가 절실히 필요했는데, 그 역할을 아내가 대신 해준 것이다. 아내는 전공이 어학이기도 했지만, 해외 마케팅 분야에서는 탁월한 능력의 소유자였다. 어학을 잘한다고 해외 비즈니스를 잘 하는 것은 결코 아니다. 그들과의 교감, 정서를 이해하고 공감하는 능력은 제3자 입장에서 보아도 존경할만한 능력의 소유자였다. 또한 일에 대한 욕심과 업무에 대한 추진력도 대단하다. 내가 할 수 없는, 가질 수 없는 것을 아내는 갖추고 있었다.

해외 거래처도 비즈니스 이전에 사람과 사람의 만남이기에 그 사람과의 만남이 신뢰와 믿음이 기초하면 업무의 효율성이 배가 되게 되어 있다. 그런 것을 아내는 잘 끌어내고 소통하고 교감하는 능력의 소유자였다. 또한 자사 제품에 대한 수출도 적극 추진하면서 그 터프한 분석기기 시장에서 '휴먼코퍼레이션'이라는 이름을 세계 시장에 각인시킨 당사자이기도 하다.

아마 아내가 계속 직장을 다녔거나, 결혼을 하지 않았다면 지금쯤 외국계 회사의 CEO나 기업의 오너가 되었을 것이다. 결혼 후에도 다니던 회사들에서 많은 러브 콜을 받았지만, 아내는 가정 사정상 부득이 거절을 해야만 했다.

#고교 동문

결혼 후 어렵게 4년 만에 첫째를 낳고, 둘째를 준비했지만 뜻대로 되질 않아 포기하고 있던 중에 기적처럼 10년 만에 둘째가 찾아 왔다. 둘째를 출산하고 퇴원하는 날 한통의 전화가 걸려왔다. 고등학교 9년 선배이자, 당시 재경 ○○고등학교 총동문회 회장을 맡고 계셨던 선배님이 잠깐 만나자는 전화였다. 내가 동기회장을 할 때 총동문회에 참석해 잠시 인사만 드린 사이였고, 그 후론 개인적 만남이 없던 사이라서 나는 의아한 심정으로 다음날 약속장소로 나갔다. 반갑게 인사를 하고, 말씀을 들어보니 나에게 총동문회 사무총장을 맡아 달라는 거였다.

총동문회 사무총장은 수년간 동문회 봉사를 함으로써 동문들과의 친분과 교류, 정보가 그 누구보다 많아야 가능한 일인데, 나는 총동문회에 대해서 그동안 전혀 관심이 없었던 터였다. 게다가 10년 만에 어렵게 아들을 얻은 상태이고, 집사람의 산후 조리도 아직 끝나지 않은 상황에서 외부 일에 신경 쓸 여유도 없던 시기였다. 그래서 나는 제안을 정중히 거절했다. 그러자 회장님이 한 가지 제안을 했다. 총동문회 사무총장은 기수별로 순차적으로 하는 것이 순리이고, 본인 기수에서 사무총장직을 맡지 않으면 나중에 선후배들 보기도 민망하고, 향후 동문회에 두고두고 큰 오점이 될 것이니 다시 생각해보라는 것이다. 그동안 우리 기수는 적임자가 없어서 계속 후배 기수들이 사무총장직을 맡아 왔는데, 이번에 내가 회장이 되면서 우리 기수에게 다시 한 번 기회를 주고자 한다는 것이었다. 그리고 만약 내가 사무총장직을 고사한다면 본인 임기동안 사무총장을 선출하지 않고 임기를 마치겠다는 것이다.

회장님 입장에서 내게 승부수를 던진 것이다. 그래도 나는 다시 "제가 설령 허락한다고 해도 일을 잘 한다는 보장도 없는데 무모하게 모험하는 게 아니냐?"고 재차 질문을 드렸다.

그러자 우리 회사 사이트에 들어가 보시고, 회사 연혁이랑 동기들 사이의 평판 등을 종합해서 내린 결론으로 나에게 사무총장직을 제안했다는 거였다.

나는 "다시 생각해 보겠습니다" 말하고 집으로 돌아왔다. 처음에는 별 생각 없이 고사하기로 결정했지만, 시간이 지날수록 내가 고사할 경우 임기 내 사무총장직을 공석으로 두겠다는 말이 계속 떠올랐다. 그렇게 며칠을 고민하다 나는 결국 수락을 했고, 회장님을 보필하면서 총동문회 발전을 위해 임기 동안 최선을 다했다.

그렇게 총동문회에 발을 들여놓음으로써 고등학교 동문들 그리고 타 학교와의 교류와 만남으로 나의 사회적 발걸음은 바빠지고 폭이 더 넓어진 계기가 됐다.

그리고 10여년이 흐른 지금, 나는 재경 ○○고등학교 총동문회 회장을 역임하고 있다. 거기다 4년 전부터 ○○대학교 동문 회장으로 취임한 후에 아직도 유지를 하고 있다 보니, 고교와 대학 동문회장직을 동시에 맡아서 동문 발전에 기여할 수 있는 영광스런 기회를 가지게 됐다.

한 사람의 만남이 얼마나 중요한지에 대해서 다시 한 번 느끼게 됐다. 대학교, 회사, 사회에서의 만남들이 나의 인생을 생각지도 못한 방향으로 이끌고 나는 그것이 계기가 되어 더 새롭고 다양한 세계를 접하게 되는 그래서 가일층 발전하고 인정받을 수 있는 계기가 만들어진 것이다. 인생사 새옹지마라고 하지 않던가. 어떤 자리든, 위치든 최선을 다하고 신용을 쌓다 보면 전혀 예기치 못한 곳에서 뜻밖의 기회가 온다는 것이다.

#아버지와 이별

인생에서 가장 크고 슬픈 이별은 부모님 그리고 친구와의 영원한 이별이라 할 수 있을 것이다. 인간이라면 누구나 겪을 일이지만 평생 가슴에 품고가야 할 슬픔인 것이다. 아버지는 1988년에 간암으로 발병 1년 만에 세상을 떠나셨다. 당시 54세였다. 너무나도 젊은 나이에 돌아가셨다. 내가 9년 만에 복학해서 대학 4학년 때였고, 당시 어머니는 47세였으니 어머니는 얼마나 슬프고 막막하셨을까 미뤄 짐작이 간다.

아버지는 직업군인으로 당시 "나는 새도 떨어뜨린다!"는 보안대에서 약 25년 정도 근무를 하셨다. 내가 초등학교 2학년 때 즈음에 월남전에 파병도 갔다 오셨다.

아버지 친구 분들은 군 제대 후 재산 관리를 잘 하셔서, 작은 빌딩 같은 것도 마련해서 편안한 노년을 즐기신 반면, 기분파이면서 풍류를 즐기신 아버지는 생활고를 겪으면서 결국 빚만 남기고 돌아가셨다. 군대 생활만 오래 하셔서인지, 사회의 냉혹함을 전혀 알지 못하셨던 것 같다. 사회는 그렇게 호락호락하지 않다는 것을 모르시고 세상을 너무 만만하게 보시지 않았나 싶다. 다시 생각해도 아버지는 정말 기분파였다.

당시 군대에서는 급여가 현금으로 나왔는데 급여를 받으시면 술집에서 골든벨을 울리시곤 모든 술값을 다 계산하셨다. 그리고는 술에 취해 집을 못 찾아와서 어머니와 나는 허구한 날 아버지를 찾으러 다니곤 했다. 술을 1년 365일 드시고 풍류를 즐기시니 주위에 남녀 할 것 없이 많은 사람들이 모인 것은 말할 것도 없었다. 내가 고2 때까지 다섯 식구가 단칸방에서 살았는데, 매일 같이 이어지는 부부싸움으로 나는 "아버지처럼은 절대 안 살겠다, 절대로 인사불성이 되도록 술을 마시지 않겠다, 그리고 어떻게든 부자가 되겠다"고 다짐했었다.

전남 구례군에서도 버스로 더 들어가면 외딴 ○○리라는 깡시골이 나오는데 그곳에서 어린 시절을 보내신 아버지는 어려서 부모를 여의시고, 고생만 하시다가 군대 생활을 시작하신 분이지만, 참 좋으신 분이었다. 멋도 아시고 군을 천직으로 생각하셨던, 그래서 주위 군인으로부터도 존경받는 분이셨는데, 술과 사람을 너무 좋아하시다 보니 가사를 탕진하고 사기 맞고, 사람에게 배신당하고 그랬다. 술과 사기와 배신으로 힘들어 하시다 결국 간암으로 세상을 떠나시면서 우리 집안은 빚을 떠안게 되었다. 살아생전에는 동업하던 친구 분한테 배신당하고, 돌아가셔선 친했던 친구 분이 빚 독촉을 하며 우리 집을 경매에 붙이겠다고 협박을 하기도 했다. 그렇게 아버지는 한 많은 삶을 사시고 돌아가셨다.

#어머니와 이별

마흔 일곱, 꽃다운 나이에 어머니는 혼자가 되셨다. 앞으로 살아가기가 얼마나 막막하셨을까? 그때 막내가 대학을 막 입학했을 때였다. 누구 하나 사회에 진출한 자식도 없고, 거기다 아버지가 남겨 놓은 빚도 안고 가야했으니 말이다.

그런 고민과 막막함이 가중되면서 병들이 생기고 그것이 평생 어머니의 발목을 잡지 않았나 싶다. 허리디스크, 불면증,

심장병, 고혈압 그러다 결국에는 파킨슨병까지 오고 말았다.

허리 수술은 크게 3번 시켜드렸고 마지막 3번째 수술은 척추 뼈가 으스러져서 병원을 수소문 끝에 삼성병원에서 척추 뼈끼리 쇠징으로 잇는 대수술을 하셨다. 어디 그뿐이랴 파킨슨병은 날로 심해져서 약기운이 떨어지면 거동도 힘들만큼 악화되기 시작했다.

어머니를 집 근처 요양병원으로 옮기고 나서 약 7~8년 정도 장기 투병하시다 돌아가셨다. 어머니 병을 치료하려고 안 가본 병원이 없을 정도였다. 양방, 한방 가리지 않고 찾아보고 누가 추천해 주면 가리지 않고 어머니를 모시고 다니곤 했다. 심지어 침 한방에 십만원짜리도 맞혀 드려봤다. 그에 수반되는 병원비도 결코 만만치 않았다.

아버지가 남겨 놓은 50%의 연금과 형제들이 각출한 돈으로도 모자라서 입원비 외에 매년 수천만원의 과외 치료비가 들어갔다. 그러나 치유가 불가한 병이다 보니 상태는 점점 더 안 좋아졌다.

파킨슨병은 뇌에서 도파민이라는 호르몬이 나오지 않는 병으로 현대 의술로 완치는 불가능하고 약과 운동으로 진행 상태를 최대한 늦출 수밖에 없는 병이다. 정신은 멀쩡하지만 팔과 다리가 마음대로 말을 듣지 않으니 얼마나 답답하겠는가?

그러면서 온몸이 떨기 시작하는 병인 것이다. 파킨슨병을 늦출 수 있는 유일한 방법은 꾸준한 운동과 병원에서 받는 재활 치료인 도수체조 밖에는 없다. 그러나 파킨슨 초기에는 꾸준한 운동이 가능하지만 병이 심해질수록 걷는 것조차 힘들기에 재활이 쉽지 않다. 정신으로는 걷는다고 가는데 발이 나오질 않다보니 자주 넘어지게 된다. 어르신들은 넘어져서 척추나 고관절을 다치게 되면 아주 치명적인 상태가 되고 심하면 목숨을 잃을 수 있게 된다. 거기다가 골다공증이 심하다 보니 수술을 한다고 해도 뼈의 접합이 안되기 때문에 평생 침대 생활을 할 수 밖에 없게 되는 것이다. 이렇게 악순환이 계속 이어지는 병이다.

정신은 멀쩡한데 하루 종일 침대에 계셔야 되니 이 또한 얼마나 답답하고 힘들겠는가. 어머니한테 갈 때마다 안쓰럽기가 그지없고 가슴이 너무 아팠다.

그러다 치매도 조금씩 오기 시작했다. 어머니한테 병문안을 가게 되면 어머니는 "형일아 밥해 놨으니 밥 먹고 가" 또는 "형일아 나 오늘 운동장 2바퀴 뛰고 왔어"라고 하셨다.

그럴 땐 정말 가슴이 울컥하지만, 속으로는 오히려 엄마에게 치매가 온 것을 다행이라고 생각하기도 했다. 파킨슨처럼 정신이 정상인 것 보다는 가상 세계에서 당신이 움직이고 행복해 하는 게 오히려 엄마에겐 행복하지 않을까 싶었다.

그러던 2021년 11월, 이른 아침에 요양병원에서 "어머니를 깨워도 일어나질 않는다"고 전화가 왔다. 어머니가 조금이라도 이상하면 요양병원에서는 무조건 응급실로 모시고 가라고 수시로 전화가 온다. 그래서 나는 요양병원에서 전화가 올 때마다 가슴이 철렁 내려앉곤 했다.

전화를 끊고, 곧바로 응급차를 불러서 삼성병원 응급실로 어머니를 모시고 갔다. 응급실에 도착할 때까지 어머니는 주무시기만 하셨다. 당시는 코로나가 한참 유행할 때라 나와 아내는 응급실에 들어갈 수 없었다. 급하게 나오느라 옷도 제대로 챙겨 입지 못한 우리는 병원 밖에서 4~5시간을 덜덜 떨어야 했다.

사실 이런 일이 이번만은 아니었기에, 나는 이번에도 어머니가 다시 건강하게 일어나리라 확신을 했었다. 얼마나 시간이 지났을까, 검사를 마치고 주치의가 우리를 불렀다. 주치의 말이 어머니가 밤새 뇌출혈이 생겼는데 너무 심해서 수술이 불가능하다는 것이었다. 그러면서 "아마도 하루를 넘기기 어려우실 거라고…"

난 도저히 믿을 수가 없었다. 무슨 날벼락 같은 말인가. 실감이 나질 않았다.

아내는 밖에서 하염없이 울기만 하고, 나 역시 어머니가 불쌍하고 가여워서 눈물이 쏟아졌다. 어머니에게 따뜻한 말 한 번 제대로 못했던 것 같아서 너무 죄송하기만 하고, 불효만 저지른 것 같아서 미안하고 그저 죄스럽기만 했다.

마지막으로 의식이 없는 어머니 손을 잡고 "엄마 사랑해!"라고 울먹이며 간신히 말을 하자 어머니의 상태를 나타내는 계기판이 다시 뛰기 시작했다. 기적이 일어나는 것일까?

하지만 그렇게 어머니는 이틀 후에 영원히 눈을 감으셨다.

어머니는 '대전국립현충원'에 계신 아버지 옆에 안장됐지만, 내 가슴 속에도 같이 묻혔다.

어머니가 돌아가셨을 때, 우리 집은 큰 딸이 재수를 해서 S대 1차 시험을 통과하고 2차 시험을 며칠 남겨두지 않았을 때였다. 그리고 막내 동생의 큰 조카가 대학을 졸업한 후 대기업 합격 발표를 기다리고 있을 때였다. 옛말에 부모님이 돌아가실 때 모든 액운을 갖고 가신다는 말이 있다고 한다. 어머니가 돌아가실 때 모든 액운을 갖고 가셔서인지 우리 딸은 무사히 S대에 합격을 했고, 조카 역시 S기업에 당당히 합격을 했다.

"엄마! 하늘나라에서는 아프지 말고, 아버지와 싸우지 말고 행복하게 잘 살아. 사랑해!"

#친구와의 이별

벌써 그 친구가 세상을 떠난 지 20여년의 시간이 흘렀다.

내가 결혼한 지 얼마 안됐을 때였다. 추석 명절에 어머니가 계신 원주에서 쉬고 있는데, 전화가 걸려 왔다. 흐느끼는 목소리로 친구가 중환자실에 교통사고로 실려 왔는데, 위독하다는 친구 부인의 전화였다. 밖에는 아침부터 많은 비가 내리고 있었다.

친구는 문막에 있는 회사로 출근하기 위해 직장 동료를 태우고 고속도를 탔다가 커브 길에서 미처 앞차를 보지 못하고 급히 브레이크를 밟아 빗길에 미끄러지면서 가로등을 들이 받았는데, 하필이면 차가 돌면서 운전석 좌측 측면과 가로등이 충돌하여, 같이 탄 일행은 무사했지만 이 친구만 사고 충격으로 뇌사상태에서 중환자실로 실려 왔다고 한다.

이 친구는 결혼을 일찍 해서 큰 딸이 있었고, 둘째 딸은 태어난 지 이제 백일이 조금 지났을 때였다. 더 비극적인 것은 그 친구가 실려 간 병원의 중환자실 수간호사가 바로 이 친구의 아내였다. 아침에 멀쩡히 출근했던 남편을 뇌사상태로 맞았으니 그 아내의 속은 어땠을까 상상이 안 간다. 친구 아내는 둘째를 출산하고 자녀 교육 때문에 가정간호사 시험을 준비했다고 한다. 종합병원 간호사는 교대근무로 인해 자녀 교육에 어려움이 많아서, 환자가 있는 가정에 방문해서 간호 업무를 보는 가정간호사를 하고자 열심히 공부를 해서 어렵게 시험에 합격 했다고 친구가 자랑했던 게 바로 이틀 전이었다.

나는 급히 병원으로 달려갔더니, 의식이 없는 상태로 친구는 누워 있었다. 친구 아내는 담담하게 아마 일주일을 넘기기가 힘들 것 같다는 말을 하고는 병실을 빠져 나갔다.

나는 그 순간이 정말 믿겨지지 않았다. 금방이라도 친구가 아무 일 없이 일어날 것만 같았다.

이 친구는 늘 밝았다. 때론 엉뚱하기도 해서 어디로 튈지 몰랐지만 정말 착한 친구였다. 고등학교 때부터 형제처럼 친하게 지냈던 사이였다.

하지만 그 순간, 나는 친구에게 할 수 있는 게 하나도 없었다. 그저 친구의 손을 잡고 기적이라도 일어나게 해달라고 비는 것 밖에는.

친구야! 일어나라!
네가 일어나기 전까지는 내가 가장 힘들어 하는 게 담배 안 피우는 거니깐, 담배를 피우지 않고 있을게.
알지? 나 담배 없으면 하루도 견디지 못하는 거.
네가 일어나면 그때 웃으면서 담배 한 대 빨자.

그러자 정말 기적이 일어나는 걸까. 뇌사상태인 친구 눈에서 눈물이 흐르는 거였다. 그것을 보고 나는 가슴이 너무 아팠지만 내 말을 들었으니 회복할 수 있겠다는 일말의 작은 희망도 가졌었다. 그런데 나중에 알았지만 사람이 죽을 때 마지막까지 열려 있는 게 귀라는 거였다. 그래서 의식이 없어도 말을 들을 수 있다는 거였다.

나는 그 경험을 친구와 어머니한테서 절실히 느꼈다. 나는 그 당시 담배를 하루 2갑반에서 3갑 정도 필 정도로 골초 중에 골초였다. 젊은 시절, 음악 생활을 하다 보니 젊은 객기에 담배+@에 심취했던 적도 있었고 그것이 습관화가 되다보니 밥은 굶더라도 담배는 피워야 했다.

돈이 없던 학창 시절에는 담배꽁초를 주우려고 터미널이나 모래로 된 재떨이를 찾아다니기도 했었다. 모래 재떨이에 있는 담배꽁초들은 장초들도 많았고 상태가 양호한 꽁초들이 많았다.

그 후 사업을 시작하면서 오는 스트레스를 오직 담배에만 의지하다보니 항상 담배에 찌들어 있었다. 어머니는 나를 볼 때마다 혼을 냈지만, 나는 죽는 한이 있더라도 담배를 끊을 생각도, 끊을 필요도, 끊을 수도 없는 중독 상태였다.

그런 내가 친구에게 "네가 일어나기 전까지 담배를 안 피우겠다"고 덜컥 그런 약속을 해버린 거였다. 제3자 입장에서는 그게 무슨 대수냐고 하겠지만, 그때 나에게는 정말 상상도 하지 못했던 절실함이었고, 친구와의 고통을 조금이라도 나눌 수 있는 방법은 이것 밖에 없었다.

그렇게 참고 기다렸지만, 친구가 일어나길 정말 희망했지만, 그 친구는 결국 일주일 후에 세상을 떠났다. 뭐가 그리도 급했는지, 사랑하는 처자식과 친구들을 남겨두고 말이다.

나는 그 이후로 친구와의 약속을 지키기 위해 담배를 단 한 번도 입에 대질 않았다.

이제 와서 생각해보니 그 친구는 나에게 자기 몫까지 살라고 건강을 내게 주고 떠나지 않았나 싶다. 지금도 가끔 혼술할 때면 그 친구를 생각한다.

"정말 보고 싶다. 친구야!"

기업가의 취미생활

음악과 미술, 그리고 행복

누구나 행복한 삶을 꿈꾸면서 살아가길 희망한다. 그러기 위해서 하루하루 최선을 다하면서 살지만 뜻하지 않게 삶의 무게를 견디지 못하고 좌절하거나 스트레스로 인해 몸과 마음의 병을 얻는 최악의 일들이 일어나곤 한다.

그러기에 한 번뿐인 인생에서 자신의 건강을 담보하는 어리석은 짓을 안했으면 한다.

나는 사업을 하면서 가급적 스트레스를 받지 않으려고 노력을 많이 한다. 회사 안에서는 회사 일에 집중하지만, 회사 밖을 나가는 순간 업무에 대해선 모두 잊으려고 노력한다.

단, 아이디어가 필요한 일에 대해선 머릿속에서 상상과 이미지 트레이닝으로 하루 종일 고민하고는 하는데, 이상하게도 나는 이러는 게 재밌어서 즐기는 편이다.

그것을 일이라고 생각할 수도 있겠지만, 이런저런 상상과 생각들을 하다 갑자기 아이디어나 방법들이 떠오르기라도 하면 그동안 쌓였던 스트레스를 한방에 날려버리는 짜릿함을 받곤 한다. 스트레스를 스트레스라고 생각하는 것으로 푸는 것이다.

우리 회사는 회식을 할 때도 절대 업무 얘기는 하지 않는다. 그러다보니 직원들도 회식 시에는 업무에 대한 대화는 그 누구도 꺼내지 않는 게 어느덧 일반화가 되어 버렸다. 회식은 회식 그 자체로만 즐기는 문화를 만들어 갔다. 근래 들어서는 회식 문화도 없어졌지만….

설령 회사에 문제가 발생이 되어도 그 유명한 말 "이 또한 지나가리"를 수 없이 되새기며 걱정, 불안, 초조함 보다는 방법과 해결책을 찾아보려고 노력한다.

그러다보니 업무적 스트레스를 하나의 지나가는 과정이라고 받아드리게 되고 또 하나의 당연함으로 나는 받아드린다. 아니 그렇게 하려고 자기 최면을 건다고 하는 게 맞을 것 같다. 강제적으로라도 그렇게 공과 사를 구분하는 버릇을 갖게 된다면 삶이 훨씬 부드러워질 것이다.

기업을 하는 사람은 스스로 스트레스를 조절할 수 있는 능력을 키워야 한다. 그렇기 때문에 기업가들은 자신만을 위한 시간을 갖는 게 매우 중요하다.

그러기에 개인 취미생활을 매우 중요하게 생각하고 주위 지인들에게도 무엇이 됐든 취미 생활을 필히 권유하는 편이다. 해서 나의 취미 생활 몇 가지를 요약해 본다.

#음악

팝, 재즈, 클래식 등 다양한 분야의 음악을 감상하고 음반을 구입하는 것을 나는 무척 즐긴다. 지금까지 수집한 CD와 LP가 대략 2,000~3,000장 정도는 되는 것 같다. 또 디지털 음원에는 수천곡이 수록되어 있고, USB에 수만 곡을 저장해서 운전할 때는 꼭 음악을 듣는다. 특히 70~80년대 팝이나 클래식은 그 누구 못지않게 많이 접해봤다고 자신한다.

20대에는 락(Rock)이나 하드락(Hardrock)에 빠졌다가, 한동안은 프로그레시브락(Progressiverock)에 빠진 적도 있었다. 그렇게 발라드-락발라드-락-부르스락-하드락(헤비메탈)-프로그레시브락-재즈-클래식으로 듣는 곡들이 나이가 들면서 조금씩 변해갔다.

음악을 즐기다 보면 "멜로디가 좋아서, 가사가 심쿵해서, 반주가 좋아서, 사연이 있어서" 같이 많은 감상법들이 생기게 된다. 그러다보면 조금 더 체계적인 방법으로 음악을 듣고 싶은

내가 생각하는 70~80년대 팝 명곡들

5대 명곡

〈Hotel California〉_ Eagles

〈Stairway to heaven〉_ Led Zepplin

〈Epitaph〉_ King crimson

〈Dust in wind〉_ Kansas

〈Bohemian raphsody〉_ Queen

추천하고 싶은 락 음악

〈Stairway to heaven〉_ Led Zepplin

〈Catch the rainbow〉_ Rainbow

〈The free bird〉_ Lynyrd Skynyrd Band

〈Golden country〉_ REO Speed Weagon

〈Quinn the eskimo〉_ Manfred man's earth band

〈Do you feel like we do〉_ Peter Frampton

〈Castle walls〉_ Styx

〈Another brick in the wall〉_ Pink Floyd

〈Heaven and Hell〉_ Black sabbath

〈April〉_ Deep purple

〈July morning〉_ Uriah heep

〈Inside looking out〉_ Grand funk rail road

〈The end〉_ Doors

욕심이 생기게 되어 공부도 하고 책도 뒤적거리면서 음악을 찾아서 듣게 된다.

물론 음악이라는 것이 "마음가는대로 좋으면 듣는 거지 공부까지 해야 하냐?"고 생각할 수 있겠지만, 우리가 어떤 가수의 노래를 좋아하게 되면 그 가수의 팬이 되고, 가수에 대해서 많은 것을 알고 싶어지는 것처럼, 음악을 감상하고 공부하다 보면 다른 장르의 곡도 관심을 갖게 되고 이런저런 여러 장르의 곡들을 접하다 보면 그 속에서 카타르시스를 느끼게 된다.

중반의 나이가 되고 조금씩 인생을 알아가는 시점이 되어서는 나도 모르게 클래식에 호감이 생기면서 자연스럽게 클래식을 접하게 되었다. 그러나 클래식이라는 것이 너무 방대하고 어려워서 생각보단 접근하기가 쉽지 만은 않았다.

클래식을 듣고 싶을 때는 쉬운 곡부터 접근하면 많은 도움이 된다. 마치 아기들이 두발로 걸을 때까지는 기어 다니고, 다음에는 네발로 기고, 그리고는 첫 걸음마를 떼고 나서 아장아장 걷듯이 음악이나 클래식도 훈련을 쌓다보면 훌륭한 클래식 감상자가 될 수 있다.

그런 음악 세계 속으로 들어가면 현실에서의 스트레스나 걱정은 모두 잊게 되고, 나도 모르게 그 속으로 빨려 들어가게 된다. 곡에 고스란히 녹아 있는 작곡가의 열정과 영혼, 그 시대의 애환, 연주자의 의도를 가슴으로 느낄 때 한없이 행복하고, 슬프고, 벅차기도 하다.

클래식을 처음 접할 때 듣는 요령

1. 클래식을 접하고 싶으면 일단 클래식 방송을 자주 듣는 게 좋다. 처음에는 뭐가 뭔지 몰라도 그냥 습관처럼 라디오를 계속 듣다보면 느낌이 올 때가 있다.

2. 클래식도 교향곡, 협주곡, 실내악 등 시간이 많이 소요되는 곡보다는 엘가, 쇼팽, 주페, 비발디, 파헬벨, 크라이 슬러, 오펜 바흐 등 유명한 소품부터 듣기를 권한다.

3. 클래식 관련 서적을 필히 구입하길 바란다. 거기에는 작곡가의 이력과 작곡의 의도, 작곡 당시의 시대상 등이 수록되어 있다. 이를 통해 시대별로 클래식을 정리해보고, 작곡가의 대표 곡을 찾아서 들어보면 더 새롭게 클래식이 다가올 것이다.

4. 클래식은 시대별로 '바로크–고전주의–낭만주의–국민음악–근대음악–현대음악'으로 구분된다.

   • **바로크 작곡가** : 비발디, 텔레만, 바흐, 헨델

   • **고전주의 작곡가** : 하이든, 모차르트, 베토벤, 훔멜

- **낭만주의 작곡가** : 파가니니, 멘델스존, 슈베르트, 요한 스트라우스, 쇼팽, 슈만, 리스트, 브루크너, 브람스, 차이코프스키, 말러

- **낭만주의 오페라** :

  베르디 〈라 트라비아타, 레퀴엠, 리골레토, 아이다, 나부코〉

  바그너 〈니벨룽겐의 반지, 발퀴레, 뉘른베르크의 명가수〉

  비제 〈카르멘, 진주조개 잡이〉

  푸치니 〈라보엠, 투란도트, 토스카, 나비부인〉

  로시니 〈세빌리아 이발사, 윌리암 텔〉

  도니제티 〈사랑의 묘약〉

  벨리니 〈노르마, 몽유병에 걸린 여인〉

  들리브 〈라크메〉

  오펜바흐 〈천국과 지옥, 호프만의 이야기〉

  레하르 〈즐거운 미망인〉

- **국민음악(민족음악)** : 글린카, 보로딘, 무소르스키, 라흐마니노프, 글라즈노프, 스메타나, 드보르작, 브루후, 막스 레거, 슈미트, 시벨리우스, 엘가, 생상스, 드뷔시, 사티, 라벨, 사라사테

- **근대음악** : 바르톡, 스트라빈스키, 거슈인, 하차투리안, 프로코피에프, 쇼스타코비치, 브리튼

바로크 시대의 음악은 오페라와 오케스트라가 성장하기 시작하는 시대로 건반 악기와 바이올린 음악이 발전하는 시기이다. 대부분의 양식들이 이탈리아에서 시작되었으며 이탈리아의 음악가들이 전성기를 이룬 시기이기도 하다. 또한 예전부터 방송에서 많이 접해 봤던 곡들로 크게 거부감이 없다.

고전주의 시대의 음악은 1750년부터 1820년에 걸쳐 하이든, 모차르트, 베토벤 등에 의해서 발전하게 된다. 명료함과 절제, 균형미를 강조하는 이 음악들은 당시 지성적이고 예술적인 가치를 반영한다. 당시 음악가들은 귀족 왕실에서 일하던 시종들보다도 낮은 하인 계급이었다. 그러나 대중적으로 음악회가 활성화되면서 자신들의 작품을 연주, 출판하면서 경제적 도움을 받기 시작했다. 대표적인 작곡가로 하이든은 천한 신분에서 귀족의 일원이 되었고, 모차르트는 노예 신분에 분노를 느껴서 오스트리아 빈으로 건너가 최초의 자유 계약직이 되었다.

음악을 듣다보면 작곡가의 성향이 그대로 나타난다. 생계에 많은 어려움을 겪는 작곡가와 능숙한 처세술과 사회생활로 경제적으로 안정된 음악가의 음악 풍은 확연히 다르고 그런 모든 것들이 음악을 통해서 드러난다. 예를 들어 당시 원만한 성격으로 사회적 성공을 거둔 교향곡의 아버지인 하이든의 곡은 밝고 활기차다. 위트도 넘치면서 경쾌한 선율로 작곡을 한다. 로시니, 멘델스존 등도 대표적이다. 그러나 대부분의 작곡자들은 당시 생활에 많은 어려움을 겪었고 사회적 신분도 높지 않아 그다지 행복한 삶을 살지는 못했다. 그렇기 때문에 역설적으로 불후의 명작이 탄생하지 않았나 싶다.

또한 곡이 탄생된 비화 같은 것을 알게 되면 곡을 이해하고 감상하는데 많은 도움이 된다. 많은 작곡가 중에서 104곡의 교향곡을 작곡한 교향곡의 아버지라 불리는 하이든에 대한 몇 가지 일화를 적어볼까 한다.

하이든은 파파 하이든이라 불릴 만큼 성정이 온화하고 따뜻한 사람으로 유머와 위트가 넘치는 작곡가였다. 그가 만든 곡들 중에 몇 가지를 소개해볼까 한다.

하이든은 1766년에 에스테르하지 가문의 궁정 악장이 되어서 약 30년 동안 보냈었다. 그의 후견인인 니콜라스 후작은 베르사이유 궁정을 모방하여 헝가리에 화려하고 큰 궁전을 건축한 후에 이곳에서 몇 개월 동안 연주회 및 연회를 개최하곤 했었다.

그러자 집으로 귀가하지 못한 단원들의 불만이 커지자 하이든은 단원들의 휴가 청원을 위해서 〈고향곡 45번, 고별〉을 작곡한 후에 후작 앞에서 공연을 하게 되었다.

4악장으로 구성되어 있으며, 마지막 4악장에선 단원들이 연주 중에 보면대의 촛불을 끄고는 조용히 퇴장을 하기 시작한다. 오보에, 호른, 콘트라 베이스 주자가 순서대로 퇴장하고 다음에는 현악 파트가 퇴장하면서 마지막에는 제1바이올린만 남게 된다. 이 연주를 본 후작은 "아! 단원들이 휴가를 원한다"는 것을 알고 곧바로 휴가를 보내주었다 한다.

지금이야 클래식 공연 중에 떠들거나 잡담하는 관객들은 없지만 예전에는 관객들이 연주 중에 떠들기도 하고 많이 졸기도 했다고 한다. 관객들이 공연 중에 너무 많이 졸자 하이든은 관객들의 잠을 깨우기 위해 〈고향곡, 94번, Surprise〉라는 곡을 만들어 발표한다. 2악장 Andante 여린 스타카토 선율이 이어지다 갑자기 "꽝!" 하며 관객을 놀래 킨다.

아마 이 곡을 들은 관객들은 잠이 다 깨지 않았을까 싶다.

나도 예전에 음악다방에서 DJ를 볼 때 실내가 너무 소란스럽거나 산만할 경우에는 그룹 Uriah Heep의 〈A year or a day〉라는 곡을 선곡했었는데, 곡 중에서 보컬이 퉤, 퉤, 퉤(보컬 소리가 갑자기 커짐) 하는 부분에서 기기 볼륨을 높여 손님들을 놀래 킨 적이 많이 있었다. 하이든은 영국에서 연주회를 갖는 게 꿈이었는데, 마침 그 기회가 와서 영국에서 초연을 하게 된 적이 있었다. 그런데 영국 관객들이 너무 떠들고 소란스럽자 하이든은 현악 4중주 Op 74-1곡 초반에 시작하자마자 엔딩 곡처럼 작곡을 한 후에 연주를 하게 된 적이 있었다. 그러자 관객들이 시작하자마자 엔딩처럼 연주가 되니 어리둥절하면서 의아해하더니 잡담을 멈췄다는 일화가 있다.

5. 클래식을 접하고자 할 때는 먼저 유명한 소품부터 들어보고, 피아노 또는 바이올린 소나타를 선곡해 보면 좋다. 그런 다음 실내악, 협주곡, 교향곡 등을 듣다보면 어느새 나도 모르게 클래식의 매력에 흠뻑 빠지게 될 것이다.

• 4대 바이올린 협주곡

1. Tchaikovsky
2. Brahms
3. Mendelssohn
4. Beethoven
5. Bruch(5대 바이올린 협주곡)

• 5대 피아노 협주곡

1. Tchaikovsky 〈피아노 협주곡 1번〉
2. Rachmaninoff 〈피아노 협주곡 2번〉
3. Chopin 〈피아노 협주곡 1번〉
4. Beethoven 〈피아노 협주곡 5번, 황제〉
5. Grieg 〈피아노 협주곡〉

- **3대 교향곡**

1. Beethoven 〈5번, 운명, 9번 합창〉

2. Tchaikovsky 〈6번 비창〉

3. Schubert 〈8번, Great〉

- **첼로 협주곡**

1. 하이든 〈2번 D장조〉

2. 드보르작 〈B단조〉

3. 슈만 〈A단조〉

4. 보케리니 〈9번 B flap장조〉

5. 랄로 〈D단조〉

6. 생상스 〈1번 A단조〉

7. 엘가 〈E단조〉

- **국제 3대 콩쿠르**

1. 쇼팽 국제 피아노콩쿠르

2. 퀸 엘리자베스 국제 콩쿠르

3. 차이코프스키 국제 음악 콩쿠르

그럼 이젠 간단히 공연관람 매너에 대해서 언급해 볼까
한다.

현재 세계 3대 오케스트라는 베를린, 빈, 뉴욕 필 하모닉
오케스트라를 꼽는다. 3대라고 꼽는 것 자체가 다소 모순일

수는 있지만 말이다.

공연관람 일정이 생기면 미리 연주곡을 파악한 후 미리 감상해 보길 권한다. 작곡자의 의도, 작곡 시기 등 어느 정도의 이해가 생기면 감동의 폭도 커지게 된다. 관람석에 들어가기 전에 휴대폰은 반드시 무음으로 해야겠다. 일단 연주가 들어가면 떠들거나, 핸드폰을 보지 않도록 절대 주의를 해야 한다, 핸드폰 빛이 주위 관객들에게 심각한 방해가 됨을 필히 인식하길 바란다. 공연이 끝날 때는 연주가의 여운을 좀 주고 박수를 쳐주면 감동이 배가 될 것이다. 종종 음악이 끝나자마자 "나 이 곡 알아"하면서 곧바로 박수를 보내게 되면 감동의 여운이 사라지게 된다. 그러니 그 곡을 잘 안다 해도 지휘자가 지휘봉을 내려놓을 때 또는 바이올린 연주 시는 연주가가 곡을 끝내고 활을 내려놓을 때까지 잠시 기다렸다가 힘찬 박수를 보내주길 바란다. 내가 안다고 여운이 없는 박수갈채는 오히려 분위기를 망칠 수가 있기 때문이다.

그런데 정작 곡이 끝나면 우리나라 관객들은 이상하게도 부라보(남성), 부라바(여성), 브라비(단체팀)라는 환호성을 외치질 않는다. 또는 앵콜을 외쳐주면 좋으련만, 공연을 갈 때마다 느끼는 것이지만 연주가에 대한 환호성이 소극적이라는 것을 매번 느끼곤 한다. 외국의 경우에는 정말 연주가 훌륭하면 모두 일어나 기립박수를 보내준다. 그러면 연주가는 얼마나 감동을 받겠는가, 또한 공연 준비를 위해 노력하고 고생했던 것에 대해 보상받는 보람을 느끼지 않을까 싶다. 연주가들의 피눈물 나는 노력으로 우리는 즐겁고 행복한 시간을 가졌으니, 거기에 대한 감사표시를 환호성으로 하자는 것이다. 그리고 연주가들은 항상 앵콜곡을 준비해 놓는다. 관객들의 앵콜을 기대하며 멋진 연주를 무사히 마쳤는데, 관객들의 반응이 시큰둥하면 아마 큰 실망과 자괴감에 빠지지 않을까 싶다. 연주가가 연주를 끝내고 무대 뒤로 들어가도 커튼콜을 최소 3번 정도 외치게 되면 연주가도 고마움에 못 이겨 준비했던 앵콜곡을 연주할 것이다.

많은 연주가들이 언제 카타르시스를 느끼는지 알아봤더니, 커튼콜시 전율이 흐를 만큼 행복한 카타르시스를 느낀다고 한다. 그만큼 연주가들은 연주를 통해 관객들의 사랑을 온몸으로 느끼고 싶어하는 게 아닐까 싶다.

현재 내 딸은 S대 음대 2학년에 재학 중이다. 딸이 음악을 하다 보니 딸 공연을 자주 보러가는데, 갈 때마다 느끼는 것이 관객들의 호응이 너무 없다는 것이다. 부라보, 앵콜을 목청껏 외치는 사람은 나밖에 없다. S대 예술관과 문화관은 규모가 제법 있는 연주홀이기에 꽤 많은 관객이 온다. 얼마 전에도

S대 오케스트라가 여기서 훌륭한 연주회를 마쳤는데, 그 누구 하나 앵콜, 브라비를 외친 사람이 없었다. 그날도 나 혼자만 브라비를 외쳤다. 공연이 끝나고 딸에게 혹시 아빠가 외친 브라비, 앵콜 소리를 들었냐고 물어보니, 그러지 않아도 "아빠가 오셨구나" 생각을 했다고 한다. 그 넓은 홀에서 얼마나 관객들의 호응이 없었으면 딸에게 내 목소리가 들렸을까 씁쓸한 생각이 들었다.

말이 나온 김에, 현악기에 대해서도 언급해 볼까 한다. 바이올린, 비올라, 첼로 같은 현악기들은 일반적으로 '올드' 악기와 '현대' 악기로 구분하는데 악기 가격은 천차만별이다. 특히 바이올린의 가격대는 비싸게는 수백억에 이르기도 한다. 이탈리아 스트라디바리가 1716년에 제작한 Messiah라는 바이올린이 217억 원에 경매된 적이 있는데, 이 악기가 현존하는 가장 비싼 악기이다. 또한 현악기의 3대 명기라고 하면 아마티, 스트라디바리우스, 과르네리를 칭한다.

이탈리아 북부 크레모나 지역에서 아마티(1505-1577)가 바이올린을 최초로 제작하기 시작했다. 그러다 바이올린 수요가 갑자기 늘기 시작하자 가문에게만 전수되던 가업을 일반 제자에게도 전수하기 시작했는데, 그때 스트라디바리와 과르네리가 제자로 입문을 하게 되고, 그 이후 독립하면서 명기들이 탄생하게 된 것이다. 그 중 스트라디바리는 바이올린 통에 f자 구멍을 내서 소리의 울림을 좋게 하면서 현재의 표준형 바이올린을 창시한 사람이기도 하다. 1700년대 유럽은 소빙하기였다고 한다. 그래서 북크로아티아산 단풍나무의 밀도가 높아지면서 더욱 견고해졌는데, 이때 이 나무들을 악기의 재료로 사용했던 아마티, 스트라디바리우스, 과르네리의 악기들이 아직까지 최고의 악기로 인정받고 있다. 그러나 이 악기들이 워낙 고가이다 보니 연주자들이 직접 구매하기 보다는 재단을 통해 렌트를 하거나, 재단이 주최하는 콩쿠르에서 우승하게 되면 무상으로 대여받은 후에 악기를 소장하는 형식이 대부분이다. 국내 유명한 바이올리니스트인 정경화는 약 4만 불에 구입했던 스트라디바리우스를 약 25만 불에 팔고 현재는 과르네리 2대를 보유 중이고, 언니 첼리스트 정명화는 스트라디바리우스를 보유 중에 있다고 한다. 일반적으로 스트라디바리우스의 소리는 아름답고 따뜻한 소리를 내는 반면 과르네리는 박진감 있고 드라마틱한 소리를 내고 있다. 이 두 종류의 악기를 정경화는 "스트라디바리우스는 아무리 슬퍼도 너무 고고해서 눈물을 흘리지 못하는 귀족이라면, 과르네리는 울고 싶을 때 땅바닥에 퍽 주저앉아 통곡할 수 있는 솔직하고 겸손한 농부와 같아 인생의 맛이 묻어난다"고 표현한 적이 있다.

또한 '악마에게 영혼을 팔아넘긴 바이올리니스트'로 불린 니콜로 파가니니가 가장 아끼던 바이올린은 과르네리의 '캐논'이라는 악기인데 이 악기는 현재 그의 유언에 따라 이탈리아의 제노바시청에 보관 중이며, 파가니니 콩쿠르에서 우승하게 되면 이 악기로 연주할 기회를 준다. 국내에서는 양인모, 김다미가 그 기회를 가졌고, 해외에서는 살바토레 아카르도, 기돈 크레머, 레지나 카터, 지노 프란체스카티 등이 있다.

워낙 유명한 현악기라 잠깐 언급을 해봤다. 연주가들이 좋은 악기를 만나는 것은 결코 쉽지가 않다. 비싸다고 소리가 좋은 게 아니기 때문이다. 가격은 가격일 뿐이고, 소리는 또 소리일 뿐이다.

나도 딸이 입시나 콩쿠르를 준비할 때면 악기를 렌트하기 위해 안 가본 악기상이 없을 정도로 발품을 팔았다. 그렇게 어렵게 악기들을 빌려와도 테스트를 해보면 마음에 쏙 드는 악기를 찾기가 결코 쉽지 않았다. 그래서 입시나 콩쿠르 시에는 연주가들이 악기를 찾으러 다니는 게 전쟁터를 방불케 한다. 소리는 좋은데 현 하나가 불안하고, 밸런스는 좋은데 울림이 적고, 소리가 너무 올드하거나 또는 차가운 소리가 나는 등 마음에 쏙 드는 악기를 찾기가 쉽지 않다.

또 학교마다 좋아하는 소리가 있고, 심사위원마다 선호하는 소리와 연주 기법이 있다 보니 그에 맞는 악기와 기법을 익혀야하기도 한다. 딸의 입시 때도 악기 때문에 여기 저기 발품을 팔다가 우연하게 발견한 지금의 악기로 입시를 치렀다.

악기에는 족보라는 게 있다. 이 악기로 시험을 치렀는데 어느 대학교에 합격이 됐다든가, 어느 콩쿠르에서 우승했다든가 하면 일단 검증된 악기이기에 가격대가 치솟게 된다. 그런데 딸이 빌려온 악기는 전혀 그런 족보도 없는 악기였고, 심지어 악기상에서도 입시에는 부적합하니 빌려주려고도 하지 않았던 악기였다.

이렇게 똑같은 악기라도 특히 현악기의 경우에는 워낙 민감한 악기이다 보니 연주자에 따라 소리가 천양지차다. 그리고 연주자에 따라 악기의 소리가 변하게 된다. 어떻게 같은 악기에서 연주자에 따라서 그렇게 다른 소리가 나는지 신기할 정도이다. 그래서 연주자는 테크닉도 중요하지만 고급스럽고 우아한 소리를 정말 잘 내야 된다.

그런데 그게 참 쉽지만은 않다. 테크닉은 배워서 된다고 하지만 소리를 잘 내는 것은 천부적인 소질과 연주가의 기법, 활을 쓰는 테크닉과 부단한 노력, 악기와의 소통 등이 수반되어야 가능한 일이기 때문이다. 그런데 딸은 다행히도 소리를 잘 내는 편이었다. 학교 다닐 때부터 소리를 잘 내고, 고급스러운 현 소리를 구사하는 데는 최고로 인정을 받아 왔다. 그러다보니 악기 소리는 점점 더 좋아지고 렌트 만료 후 악기상에 반납하게 되면 악기상 사장들이 변한 현 소리를 듣고 다들 깜짝 놀라곤 했다.

당시 우리는 악기상에 발품을 팔면서 족보 있는 악기부터 고가의 악기까지 수십 개의 악기들을 빌려 왔었다. 그러다 악기상 한쪽 구석에서 먼지 쌓여 있던 악기를 발견하고는 소리를 테스트해보니, 고가의 그 어떤 악기보다도 잠재된 소리와 딸과의 궁합에서도 가능성이 보여, 우리는 고민 끝에 이 악기로 과감히 정하고 대학 입시를 치러 합격을 하게 됐다.

▲ 안드레아 아마티가 제작한 바이올린 '샤를 9세'는 현재 뉴욕 메트로폴리탄 미술관에 소장되어 있다.

▲ 스트라디바리의 황금기에 만들어진 1716년산 '메시아(Messiah)'는 현존하는 바이올린 중에서 가장 비싼 값으로 추정된다.

#작사·작곡

곡을 만드는 것이 취미라고 하기는 다소 한계가 있겠지만, 창작의 즐거움은 생각보다 크다. 나는 대학시절에 대학가요제에 나가기 위해 곡을 쓰다 보니 남여솔로곡, 그룹사운드곡, 중창단곡 등 40여곡을 만들었다. 그렇게 만든 곡으로 교내가요제, 전국 유네스코 써클가요제 등에 참가하여 꽤 인기도 끌고 수상도 했었다.

나는 지금도 멋진 곡을 만들고 싶은 욕심이 있다. 물론 예전처럼 감정이 잘 잡히지 않다보니 신곡을 만드는 게 쉽지는 않지만 종종 곡이 떠오를 때면 지금도 메모지에 가사를 적고 곡을 만든다. 그 순간이 나는 너무 행복하다.

내가 작사·작곡한 곡
. . . .

무지개 빛 마음(중창단곡)

(1절) 가을빛 고운님 모습에 사랑을

　　　무지개 빛 마음을 따다 주리 그대

　　　별빛 초롱에 풀잎 이슬이 맺혀

　　　밤하늘의 향연이 피어 오르네

(후렴) 그래그래 너와 내게 사랑을 주면

　　　　무지개 빛 마음 따다 전해 주리라

　　　　그래그래 너와 내게 행복을 주면

　　　　꽃의 입맞춤 사랑을 전해 주리라

　　　　라 라 라 너와나는 무지개 마음

(2절) 영롱한 당신의 눈속에 사랑을

　　　　구름 달 꽃 별들을 따다 주리 그대

　　　　밤빛 실사로 곱게 엮어논 우리

　　　　흘러가는 강처럼 영원 하리라

내 작은 소망(그룹사운드곡)

햇빛 비치는 날이면 내 작은 소망 이뤄져

소낙비야 쏟아져라 내 작은 소망위하여

빨간 꽃망울 나비되어 해맑은 소녀는 내 작은 소망이라오

뭉게구름 내맘되고 푸른날개 새가되는 내 작은 소망아

라~라~라~

우리들은 꿈많은 소녀들

귀염둥이 꽃이라오

하얀날개 펼치려는 한 마리에 길새라오

라~라~라

하얀밤(남성솔로곡)

파문을 일으키며 사라지는 저녁 노을

석양의 붉은 물결 차라리 아쉬움이려나

흩어지는 노을 움틀 밤이여

밤의 찬가를 울려라

내일을 위해

사랑을 위해

금빛 물결 피어날때

사랑의 꽃 밤안개여

아… 하얀밤

아… 별들아

내일 위해 잠이 들라

※이 곡들은 80년도 대학 1학년때 만든 곡이라 지금에서야 보니 가사의 촌스러움
이 묻어나지만, 추억기차로 그 시절을 회상하며 읽었으면 한다.

#오디오

며칠 전에 COEX에서 오디오 전시회가 있어 다녀왔었다. 수많은 오디오와 희귀 앨범들을 접할 수 있었던 시간이었던 것 같다. 오디오의 발전사를 잠깐 살펴보면, 하이파이 오디오는 크

게 유럽 특히 독일과 미국으로 양분된다 할 수 있다. 1930년대 즈음에 미국은 AT&T사의 자회사인 Western Electric사에서 영화, 방송 관련 음향시설 개발을 기점으로 음향시설의 황금기를 맞게 된다.

WE사가 세계 최초로 개발한 Triod 삼극관 형태의 WE 300B관은 지금도 명기로 인정받고 있으며, 그에 능가하는 진공관 개발이 아직도 전무한 상태라 할 수 있다. 물론 진공관에서 TR Audio로의 흐름이 바뀐 이유일 수도 있겠으나 다시금 진공관으로의 회귀 시점에도 애호가들의 최애 품목으로 자리 잡고 있다 할 수 있다. 또한 그 당시 독일에선 히틀러가 대중에 대한 정치 선동 연설을 위해 오디오가 개발되기 시작했으며, 그로 인해서 탄생된 Klangfilm사의 오디오 역시 빈티지 부문에서는 WE사와 더불어 세계 최고의 명기로 아직도 자리 매김하고 있는 상태이다.

파주에 가면 ○○음악 감상실 카페가 있는데, 이곳은 방송인이 운영하는 곳으로 아마 국내 유일하게 Western electric 오디오와 Klangfilm 오디오 모두를 소유한 곳이 아닐까 싶다. 또한 가평에 위치한 ○○카페는 독일 Klangfilm 제품을 소유하고 있다. 진한 커피와 함께 묵직한 스피커에서 울려 나오는 현의 숨결 같은 소리는 나를 무한 행복으로 이끌어 주면서 오디오 소리에 한없이 빨려 들어가게 한다.

오디오 애호가들 사이에서는 이런 에피소드가 있다. 빈티지 오디오를 갖고 있는 사람들은 TR소리가 나도록 노력하고, 반대로 TR 오디오를 갖고 있는 사람들은 빈티지 오디오 소리를 구현하기 위해 끊임없이 소리와 싸운다. 참 아이러니가 아닐 수 없다. 나 역시 그 범주를 벗어나질 못하고 오늘도 흡을 찾기 위해 씨름하고 있다.

음악 애호가들의 공통점은 멋진 오디오에 대한 로망일 것이다. 물론 오디오에 한 번 빠지게 되면 많은 시간과 돈이 요구되는 것은 어쩔 수 없겠지만, 오디오에 관심이 있다면 처음에는 형편에 맞게 중고 오디오를 구입해서 음악을 듣다가 하나씩 업그레이드 하는 방법으로 해가면 좋은 취미가 될 것이라고 생각한다. 실제 음악을 계속 듣다보면 좋아하는 오디오 소리도 변하게 된다. 그렇기 때문에 좋아하는 소리에 맞춰서 오디오를 조금씩 업그레이드 하는 식으로 꾸며가길 추천한다.

오디오의 앰프는 진공관과 트렌지스터(TR) 타입으로 분류된다. 일반적으로 진공관 타입은 부드러움과 현의 소리를 아름답게 표현하는 편이다. 반면 TR 방식의 오디오는 힘찬 소리를 기본으로 한다. 진공관은 Triode(삼극관) 방식에서 Pentode(오극관) 방식으로 발전을 하게 되는데, 오극관 방식은 좀 더 TR방식의 소리에 가깝다고 할 수 있다. 그리고 앰프에 들어가는 진공관에 따라서 음색이 변하기 때문에 진공관 종류를 알아두는 것이 좋다.

진공관 종류

KT88관 : 일반 진공관 보다는 높은 출력을 내기에 큰 음량과 다이나믹하고 힘이 좋아 중·고역의 밸런스를 잘 유지해주지만 다소 거친 맛이 있다.

KT150관 : 미국의 Tungsol사 OEM으로 러시아 소보텍 공장에서 생산하는 진공관으로 현대적인 관이다. KT로 시작되는 관은 KT66, KT88, KT 150 등으로 구분된다. KT88관(35W)에 비해서 채널당 20W 이상의 출력을 낼 수 있기에 안정적이고 힘찬 소리를 구현할 수 있다. 내가 사무실에서 사용하는 앰프는 KT150관을 채널당 4개로 총 8개의 관을 사용하고 있다. 그러다 보니 3극관 모드에서는 70W, 5극관 모드에서는 120W의 출력이 가능하다. 그러기에 3극관 모드에서는 질감은 좋지만, 구동력과 댐핑력이 떨어지는 문제점을 보완할 수 있게 됐고, 5극관 모드에서의 음은 폭 넓고 다이내믹한 스테이징 효과를 느낄 수 있다.

300b관 : 1930년대에 미국의 western electric사에서 개발된 진공관으로 오디오 애호가들 사이에서 매우 높은 평가를 받고 있는 인기 있는 전공관이다. 출력은 8~10W로 낮은 출력이라 높은 출력을 요구하는 앰프에는 부적합하지만 고역과 중역이 아름다우면서도 선명하고, 깨끗하고, 부드러운 음색을 자랑한다.

EI34관 : 영국의 전자 회사인 Mullard라는 회사에서 1953년에 개발된 진공관이다. 마샬 기타 앰프에 사용되면서 유명해지기 시작했다. 소리는 매우 부드럽고, 풍부한 저역과 여성처럼 부드럽고 섬세한 음을 낸다.

EL84관 : 1950년대에 mullard사와 미국의 RCA사가 협력하여 개발된 진공관으로 소리가 독특하며 중음과 중고음 사이의 발란스를 잘 유지해주며, 비교적 작은 오디오에서 많이 애용되어진다.

845관 : 1930년대에 Western electric사와 RCA사에 의해서 개발된 관으로 보통 20~30W의 출력을 내는 고출력 진공관이다. 풍부한 음질과 다이내믹한 사운드로 오케스트라의 연주를 완벽히 재연하기에 오디오 애호가들이 반드시 보유하고 싶어 하는 진공관이다.

앰프에 걸맞은 스피커를 어떻게 구성하는가도 상당히 중요한 문제다. 앰프 출력에 대비해서 스피커가 선택이 되어야 하는데, 일반적으로 오디오 숍에서 추천하는 제품들을 참조하면 많은 도움을 받을 수 있다.

스피커는 크게 '북쉘프'와 '톨보이' 형으로 구분이 된다. 아무래도 클래식을 자주 접할 경우에는 외관이 큰 '톨보이' 타입을 선택해야 나중에 후회가 없다. 또한 스피커의 울림은 우퍼를 통해서 나오거나, 우퍼를 통해 외관 케이스에서 울림을 갖는 형태도 있는데 미리 들어본 후에 본인 취향에 맞는 타입을 선택하면 될듯 싶다.

그 다음은 소스기기다. 디지털 CD플레이어와 아날로그 타입의 턴테이블이 있는데, CD플레이어는 큰 문제가 없지만, 턴테이블은 무척 까다로운 문제가 발생된다. 음질의 소리가 너무 확연한 차이를 보여주기 때문에 앰프와의 매칭을 위해서 케이블, 앰프와의 거리, 카트리지, 접지 등 많은 요소들을 꼼꼼하게 검토해야 하고, LP판을 올려놓고 동작 시에 턴테이블 arm의 균형 및 침압 상태와 밸런스를 필히 체크 후에 설치해야 한다. 또한 카트리지도 오디오와 매칭되는 것을 찾아야 하는데, 이 역시 쉽지 만은 않다.

난 매일 같이 음악 감상을 하면서 베이스가 제대로 먹는지, 현의 소리가 내 생각만큼 잘 구현되는지, 첼로의 울림소리가 우퍼에서 제대로 작동하는지, 피아노의 건반소리가 울림통에서 잘 퍼져나가는지, 기타의 음이 곧게 뻗어 나가는지 등을 신경 쓰면서 감상하는 게 습관이 되어 버렸다.

그냥 아무 생각 없이 즐기면서 듣고, 감상하고 해야 되는데, 갑자기 마음에 안 드는 음이라도 나오면 또 고민에 빠진다. 물론 오디오 문제 보다 CD나 LP의 녹음 상태에 따라서 구현되는 소리는 천차만별이기에, 오디오 문제가 아닌 CD나 LP의 문제일 경우도 많이 있지만 말이다. 그런데 이건 오디오에 빠진 마니아들은 어쩔 수 없이 본인들이 안고 가야할 영원한 숙제일 수밖에 없다. 아마 오디오에 관심을 갖게 되면 이와 같은 고민에 익숙해져야 할 것이다.

그런데 이것을 스트레스로 받아들이지 말고 새로운 음을 찾아가는 과정이라고 생각하길 바란다. 잃었던 음을 찾았을 때의 기쁨은 그런 수고의 과정을 충분히 보상하고도 남는다.

CD도 녹음 방식에 따라 aad. add. ddd. dsd. sacd. xrcd 등으로 분류되며, 가격과 음질의 차이가 많이 발생되기 때문에 참조해서 구입을 해야 한다. 물론 녹음 회사에 따라서도 많은 차이가 있다는 것을 주지해야 할 것이다. 국내 생산 음반은 아직도 음질이 유럽, 미국에 미치지 못하는 것도 부정할 수 없는 사실이다. 그만큼 국내 시장이 작다보니 어쩔 수 없겠지만 말이다. LP 역시 녹음 방식과 회사 레이블, 연주가들에 따라서 너무 많은 음질 및 음악 차이가 있으니 이 역시 꼼꼼하게 검토해서 후회 없는 구매가 이뤄지길 바란다.

오디오를 구매하고자 해서 숍을 다닐 때는 필히 본인의 음반을 갖고 다니길 강력히 권한다. 숍에서는 전시된 오디오에 맞는 음반을 틀어주면서 시청하기에 모두 좋아 보일 수 있다. 그러기에 본인 음반을 갖고 다니면서 내가 원하는 음색을 표현하는지 객관적으로 시청을 해봐야 후회 없는 선택을 할 수 있게 된다. 나는 음색별로 노래를 CD에 직접 구워서 오디오를 비교했다. 참고로 내가 보유한 오디오 시스템에 대해서 소개하면 다음과 같다.

사무실 오디오

1. 진공관 앰프
- 회사 : ayon
- 모델 : Triton
- 구동 : triod or pentode
- 튜브 : kt150×8, 12au7×2
- 출력 : 120w×2,70w×2

2. 소스기
- CD 플레이어 : Moon series
- 턴 테이블 : Acoustic solid

3. Phono Amp : Acoustic plan

4. 스피커 : B&W(Signature Diamond : 40주년 Limited edition)

5. Cable
- Wire world : Copper eclipse speaker cable
- Gold eclipse Inter cable
- Allnic power cable ZL 5000

자택
· · · · ·

1. 진공관 프리 앰프

· 회사 : Allnic

· 모델 : OTL/OCL Type

· 튜브 : 300B×4, 6AN8×2

2. 파워 앰프×2대

· 회사 : MBL

· 파워 : 2200/1200w

3. 소스 : MBL

4. 스피커 : MBL

5. D/A Conveter

· 회사 : Allnic

· 모델 : D-5000 DHT

6. Phono Amp

· 회사 : Allnic

· 모델 : H-5500

7. 카트리지 : MC cartridge amber, MM Rega cartridge

8. Cable

· Wire world : Gold, Electra7

· Tara lab : air Forte, prime M1

· Entreq cable etc.

▲ Western Electric

▲ Klangfilm

▲ 360도 무지향성 MBL

시계

시계는 어떻게 보면 사치스러운 취미라 할 수 있겠지만, 다른 한편으로 보면 나이가 들어가면서 사회적 기반이 다소 안정된 사람에겐 하나의 멋스러운 취미라고 생각한다.

요즘이야 핸드폰 등 디지털 시대에 시계가 없어서 답답할 경우는 없겠지만, 아날로그 감성의 브랜드 시계를 갖고 싶은 것은 많은 남자들의 로망일 것이다. 유명 시계들은 일반적으로 1~5등급 정도로 구분해서 분류한다.

시계의 등급

1등급 : 파텍필립, 바쉐린 콘스탄틴, 오데마 피게, 브레게, 아랑게 운트 쥐네

2등급 : 피아제, 리차드 밀, 로저드뷔, 블랑팡, 예거 루 쿨투르

3등급 : 롤렉스, 브라이틀링, 파네라이, IWC, 오메가, 위블로

4등급 : 태그호이어, 까르띠에, 세이코, Tudor, 론진

5등급 : 기타

시계는 크게 스와치 그룹과 리치몬드 그룹으로 양분되는데 거의 모든 시계는 이 두 그룹에 속해 있다고 보면 된다.

시계의 그룹

• **스와치 그룹** : 브레게, 블랑팡, 오메가, 해리 윈스턴, 위블로, 제니스, 태그호이어 등

• **리치몬드 그룹** : 피아제, 보메앤 메르시에, 아랑게 운트 쥐네, 바쉐린 콘스탄틴, 파네라이, 예거 루쿨트르, 로저 드뷔 등

시계의 기능

• **Quartz** : 건전지 방식으로 구동되는 시계

• **Auto** : 손목의 움직임만으로 태엽을 자동으로 감아주는 self winding type

• **Manual** : 수동으로 태엽을 감아주는 Manual winding type

• **Perpetual calendar** : 년도, 월, 요일, 일자를 표시하는 기능으로 긴 달, 짧은달, 윤년까지 계산해 자동으로 알려주는 기능

• **Tourbillon(투루비용)** : 중력에 의해서 발생되는 오차를 줄이기 위해서 개발된 프랑스어로 '회오리 바람'이라는 뜻을 지닌 기계식 장치로 Breguet(브레게)에서 처음 개발됐다. 요즈음은 예거 루쿨트르에서 개발된 '자이로 투루비용'이라고 해서 2+1 방향 회전(2축 회전) 기능이 삽입된 컴플리케이션 시계가 출시되어 많은 관심을 받고 있다.

• **Moon phase(Lunar phase)** : 달의 위상을 나타내는 기능으로 요즈음은 기능적인 목적보다는 미관상 목적으로 많이 사용된다.

- **Chronograph** : 시간이나 시각을 측정하는 일종의 스톱워치 같은 기능으로 시계에 따라 0.1∼0.001초까지 측정할 수 있다.
- **파워 리저브** : 태엽이 감긴 정도 즉 winding 상태를 보여주는 기능
- **제네바 실(Geneve seal)** : 시계 부품의 마무리 처리, 형태, 표면 처리, 두께 등에 관련한 12개의 기술적 조건에 합격한 제품으로 전통적 기술로만 제작하여야 한다. 합격시 무브먼트에 제네바주의 문장을 새겨주는데 그것을 제네바 실이라고 명칭한다.

시계의 가격은 일반적으로 타입(Quartz, Auto, Manual), 재질(스틸, 티타늄, 골드, 백금), 기능(perpetual calendar, 투루비용, 문 페이스, Chronograph, 파워 리저브, 제네바 실) 등이 있느냐에 따라 가격 차이가 확연히 나타난다.

시계의 가격대는 천차만별이지만, 일반적으로 위의 기능들이 있느냐 없느냐에 따라 가격 차이가 발생된다. 그 중 가장 고가의 부속은 투루비용 기능이라고 할 수 있으며, 이것을 탑재할 경우 일반적으로 개당 1억 원 정도로 추산되며, 최대 2개까지 시계에 탑재 할 수 있다. 또한 시계의 재질이나 스트립의 종류에 따라서도 다양하게 가격이 형성된다. 또 시계도 유행이 있어서 작게는 38mm부터 45mm까지 사이즈가 유행에

따라 달라진다. 가격대가 저렴하지는 않지만 평생 사업이나 업무로 지친 본인을 위해 선물을 해보는 건 어떨까 싶다.

많은 시계 중에서 개인 의견으로 볼 때 디자인 측면에서 가장 파격적이고 혁신적인 시계는 '로저드뷔'라고 생각한다. 파텍 필립의 수석 디자이너로 근무하다가 창업한 신생 로저드뷔는 일명 추성훈이 애장하는 시계로도 유명하다. 원탁의 기사 엑스칼리버 문양과 스케레톤 스타일을 주로 고집하며 리미티드 생산을 주로 하는 메이커다. 또한 FI 그랑프리에서 우승한 타이어로 스트립을 만들기도 한다. 미니 로터의 개발로 제나바실을 모두 획득한 시계로, 디자인뿐만 아니라 성능에서도 당연 세계 탑이라 할 수 있겠다. 한 가지 결점은 가격대가 저렴하지는 않다는 것이다. 혹시 시계에 관심을 갖게 될 경우에는 매장을 자주 방문해서 안목도 높이고, 기능도 비교하면서 신중을 기해 애장품을 구하길 바란다.

그림

오래 전에 논현동 임페리얼펠리스호텔에서 중소기업 대표와 작가들의 만남이라는 행사가 있었다. 내가 지원을 했었는지 초청을 받았는지 기억은 안 나지만, 저녁 만찬 자리에 참석한 적이 있었다. 그때쯤 나는 그림에 대해서 조금씩 관심을 가

269

질 때였다. 지금 생각해보면 미술 작품들이 다소 홀대받던 때라서, 작품 활성화를 위해 그 행사가 개최되지 않았나 싶다.

행사에 참석해 보니 원로 작가이신 국내 1세대 작가 김종하 화백도 계셨다. 당시에 연세가 90세 이상이었던 것 같다. 그러나 이 분의 작품은 시장에서 크게 호평 받지 못하는 실정이었다. 지금은 사라졌지만 반도호텔에서 전시회를 가졌을 때 당시 무명의 박수근 화백을 등단시켜준 화가로도 유명하신 분이었다. 나는 지금도 생존해 계시는 '장미' 작가라 불리는 성백주 화백과 자리를 같이 했다. 그때는 그 분이 누군지도 솔직히 몰랐다. 참석자들이 그 분한테 찾아와 인사도 하고 영광이라며 사인도 받아가는 것을 보면서 꽤 유명한 분이구나 생각했다.

잠시 후 성백주 화백이 나와서 인사말을 하는데 "자기는 장미 말고 다른 그림을 더 그리고 싶은데 컬렉터들이 하도 장미 그림만 사가서 할 수 없이 장미만 그리다 보니, 호칭이 장미 화가가 됐다"는 것이다. 그런 후에 그 분의 추상화를 봤는데, 그림이 너무 인상적이고 훌륭했지만 명성에 비해 추상화나 장미 그림 모두 가격대는 상대적으로 저렴한 편이었다. 나는 그 후에 옥션에서 성백주 화백의 장미 그림을 구매했다. 가격대를 떠나서 추상적인 터치감이 좋았다.

장미를 그리는 작가들은 국내에도 많이 있다. 김재학, 김인승, 최예태, 최영훈 등. 그 중 황염수 작가의 그림만 가격대가 어느 정도 형성이 되어 있는 편이다. 황 작가는 1917년생으로 국내 1세대 작가라는 의미도 있을 것이다.

나는 이런 기회로 그림에 대한 관심도가 커졌고 S옥션, A옥션, 국내 화랑 등을 다니면서 작가들과 많은 대화도 하고, 담당 큐레이터를 통해서 작품의 동향 등을 보고 듣고 공부도 했다. 그런 다음, 옥션이나 전시회를 통해서 작품들을 하나 둘씩 컬렉션하기 시작했다. 또한 회사에도 작품 및 조각상들을 수집해 전시를 해놓았다. 자금에 조금 더 여유가 있다면 더 많은 작품을 소장하고 싶고 나만의 갤러리도 갖는 게 꿈이다. 갤러리에 멋진 오디오와 진한 커피향이 나는 따뜻한 공간을 만들고 싶은 게 꿈이긴 하지만…. 지금도 틈만 나면 갤러리를 다니면서 작품도 보고, 설명도 듣고 작가의 감성으로 작품 속에 빠져 보기도 한다. 정말 좋은 작품을 만나게 되면 그 감동은 말로 표현할 수가 없을 정도이다. 작품 세계에서 많은 상상과 건강한 행복을 느껴보는 즐거움이 너무 좋다.

국내 작가들을 시대적으로 분류하면, 1세대에 해당되는 작가들은 1910년 전후의 세대로서 당시에는 주로 추상화가 주류로 작품 활동을 했던 시대이다. 김병기, 김흥수, 남관, 김환기, 박수근, 도상봉, 오지호, 이인성, 유영국, 이응노, 장욱진 등이 있다. 그 중 남관, 이응노는 문자 추상의 거장으로 한글의 문양을 추상적 작품으로 승화시킨 작가이기도 하다. 회갈색 톤으로 시골과 아낙네의 정을 표현하는 박수근 화백, 동심의 세계를 향토적으로 그려내는 장욱진 화백은 까치, 나무, 마을 등을 소재로 하고 있는데 정감스러움과 따뜻함을 넘어 행복함까지 전해 준다.

1940년대에는 식민지 종결과 한국전쟁으로 인한 질곡진 역사와 시대의 아픔 그리고 희망을 염원하는 구상미술이 나타나기 시작한다. 이중섭, 강요배, 윤중식, 박고석, 임직순, 이대원, 김종학 등이 있다. 근래에 들어서는 이우환, 박서보, 정상화, 윤형근, 정창섭, 하종현, 이건용, 김창열, 김태호 등 단색화 화가들이 대세를 이루고 있다. 단색화는 바넷 뉴먼(1905~1970)에 의해서 창시되었으며 그의 작품 〈블랙 앤 파이어〉가 910억 원에 낙찰된 적이 있다.

또한 단색화라는 용어는 서양의 monochrome에서 유래가 되었지만, 이제는 국제적으로 dansaekhwa라는 고유의 한글로 지정되어 통용이 되는 것을 보면 그만큼 한국 작품의 위상이 매우 높아졌다는 반증이 아닐까 싶다.

사실 우리나라 작품의 가격은 아직도 해외 작가들에 비해

200만원으로 시작한 별(★) 볼일 있는 성공이야기

서는 많이 저평가 되어있는 것은 숨길 수 없는 사실이다. 그나마 2019년에 홍콩 경매에서 김환기 작가의 작품 〈우주〉가 약 131억 선에 낙찰이 된 것이 아마 국내 최고 가격이 아닌가 싶다. 외국에 비해선 그다지 높은 가격은 아니지만, 그나마 국내 작가의 작품 가격이 해외에서도 꾸준히 상승하고 있다는 것에 작은 위안을 가져야 할듯 싶다.

미술품의 관심은 국내 미술 발전에도 기여할 수 있고, 좋아하는 작품을 소장하고 감상하면서 정신적 힐링도 되고, 작품의 가치 상승을 통해 투자 개념으로도 좋으니 일석삼조가 아닐까 싶다. 작품에 관심을 갖고 공부하다보니 이제는 웬만한 국내 작품들은 어느 정도 평가하고 설명할 수 있게 되었다.

원고를 마감하려는데 오늘 단색화의 거장 박서보 화백이 92세의 나이로 타계했다는 소식이 들려 왔다. 한국 추상 미술 발전에 선구자적 역할을 하신 박 화백은 작년에 폐암3기 판정을 받고 투병 중이었지만 "달라진 것은 없다. 나는 캔버스에 한 줄이라도 더 긋고 싶다"라며 심정을 토로한 적이 있었다. "언젠가 내가 떠난다는 것은 분명 하지만, 그걸 준비하는 게 즐겁다"라며 끊임없이 작품 활동을 하셨던 작가이기도 했다. 작품 활동 초기(1960~1980)에는 '묘법(描法, Ecriture)'이라는 독창적 화풍을 개발하여 만들어가기 시작했다. 캔버스에 유백

국내 작가들의 작품들

김환기(63, 산월)

박서보(10, 묘법)

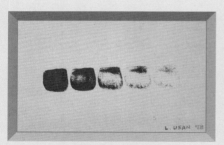

이우환(78, From point)

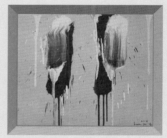

이건용(12, The method of Drawing)

이대원(85, 나무)

윤형근(90, Umber)

이동엽(15, 사이)

성백주(92, 장미)

이응노(75, 문자추상)

권영우(무제)

최영욱(16, Karma)

정영주(21, 눈 내리는 밤)

색 칠을 한 후에 연필로 수없이 반복하면서 선을 그어나가는 기법이다. 그는 예전에 "한국적 회화를 고민 하던 중, 내 작품을 하려면 나를 완전히 비워야 한다는 것을 깨달았다, 캔버스가 내게 修身, 修行을 위한 도구가 되어야 한다"라고 말한 바 있었다.

그 후 중기(1980~2000) 시대에 접어들어서는 물에 한지를 여러 겹 겹친 뒤 그 위를 손이나 도구를 이용하여 밀어내는 방식을 사용하는 '지그재그 묘법'에서 '수직 묘법'으로 전개되며 묘법의 세계를 한층 폭넓고 깊게 발전시켰다.

후기(2000~현재)에 들어서는 無彩 묘법의 틀을 깨고 다양한 색을 도입하기 시작한다. 화려하고 세련된 색채를 과감히 사용하면서 아름다움을 극대화시켰다. 연두색, 노란색, 붉은색 등 단색을 사용하여 골과 이랑의 입체감을 통해 오묘한 변화를 만들어 낸다.

그의 碑文에는 그의 좌우명인 "변화하지 않으면 추락한다. 변화해도 추락한다"라는 문구를 넣을 예정이라 한다. 즉 끊임없이 변화를 모색해야 한다는 뜻이다. 변하지 않거나, 잘못된 변화는 추락할 수밖에 없음을 상기시키는 말로 그림, 사업, 인생 모두를 아우르는 말임에는 부정할 수 없는 진실인 듯싶다.

동문회에 기고했던 글 중에서

얼마 전 현대화랑에서 '무한의 숨결'이라는 단색화 작가이신 정상화 화가의 전시회가 열렸었습니다. 단색화란 일체의 구상을 배제하면서 바보스럽고 우직스러울 만큼의 반복 작업으로 단순화를 그려내는 그림을 단색화라 칭합니다. 우리나라에도 몇 년 전부터 단색화의 열풍이 불기 시작하면서 아직도 많은 컬렉터들의 사랑을 받고 있습니다. 국내 대표적인 작가로는 정상화, 이우환, 박서보, 권영우, 정창섭 작가 등이 활발히 활동하고 있는데, 이들 작가의 그림들은 외국 경매 시장에서도 많은 사랑을 받고 있는 것을 보면 이제는 우리나라의 작품도 변방의 소외받는 작품이 아닌 세계의 주목을 이끄는 작품으로 꾸준히 발전하고 있다고 생각이 듭니다.

이번에 전시회를 갖은 정상화 작가의 작품은 바보스러울 만큼 반복과 또 반복의 연속 작업으로 하나의 걸작을 탄생시키는 방식입니다. 캔버스에 붓으로 고령토를 바르고, 표면이 마르면 캔버스를 상, 하로 접어 격자무늬를 만들면서 고령토를 뜯어내고, 다시 바르고 말리고 그리곤 그 빈자리에 아크릴 물감을 채워나가는 방식입니다.

그렇게 캔버스는 벌집 모양의 작은 격자무늬가 생겨나는데, 작가는 이것을 "평면에 나만의 방법으로 공간을 만드는 방법"이라고 합니다.

거친 고령토의 질감이 작은 그들만의 공간을 만들고 그 작은 공간은 다시 또 다른 공간들과 합쳐 하나의 심오한 작품을 보여줍니다.

멀리서 볼수록 표현되어지는 오묘함과 신비함은 보는 이의 가슴을 설레게 하기에 충분하다 생각 되어지는 포스트 모더니즘의 대표 작품이 아닌가 싶습니다.

아! 이래서 걸작이라고 하는구나…. 모나리자의 그 미소처럼….

우리들의 인생 역시 거친 고령토로 만들어진 작은 공간 속에서 무한반복 되어지는 것이라 생각이 듭니다. 원주에서 올라와 서울살이를 하고 있는 우리 동문들의 삶과도 크게 다르지 않을듯 싶습니다.

그러나 그런 공간들끼리 만나고 조화롭게 어울리고 하다보면 우리네 삶도 점점 더 아름답고 행복한 인생으로 삶이 바뀌리라 저는 확신을 합니다. 그런 공간의 만남을 동문회에서 만들고 갖길 바랍니다. 물론 저희 임원들도 그런 동문회가 되도록 최선을 다 할 것 입니다.

객지에서의 투박한 삶을 우리들의 공간에서 서로 보듬어주다 보면 우리의 인생도 정상화 작가의 그것처럼 어느새 아름답고 위대한 걸작이 되어 있지 않을까요? 그래서 후에 우리의 인생을 돌아 봤을 땐 "아! 나도 참 멋진 인생을 살았구나"라고….

악기 연주

고교 때 그룹사운드 연습을 하면서, 힘들거나 지칠 경우엔 우리는 멤버들끼리 서로 악기를 바꿔가면서 연습하기도 했었는데, 나는 드럼 소리가 너무 좋아서 드럼을 배우기도, 연주하기도 했었다. 시간이 흘러 사업이 어느 정도 자리가 잡히면서 예전부터 드럼에 대한 미련이 있었기에 본격적으로 드럼을 배워보기로 결심을 하고, 근처 드럼학원에 등록을 했다.

드럼이라는 악기가 언뜻 보기에는 쉽게 배울 것 같았는데,

막상 본격적으로 배우다보니 어렵고 디테일하기가 끝이 없었다. 반에 반박자라도 리듬을 놓치게 되면 곡 전체가 흐트러지기에 정확한 박자와 비트가 요구됐다. 하기야 어떤 악기든 막상 배우려 하면 많은 노력과 연습이 요구됨은 물론이고 끝없는 반복 훈련이 없으면 제대로 된 음을 낼 수가 없음은 자명한 사실이다. 그렇게 드럼학원을 다니면서 취미생활 할 정도의 실력을 갖추게 되었다.

나는 예전부터 내 음악실을 갖고 싶었고, 여건만 된다면 그룹사운드도 만들고 싶어서 노력했지만 생각보다 악기를 다룰 줄 아는 지인들이 없어서 그냥 혼자서 북 치고 장구 치고 있는 실정이다. 나는 사옥을 신축하면서 평소 소원이었던 지하

◀ 사옥 지하에 마련한 음악실

작은 귀퉁이에 음악실을 꾸미게 됐다. 거기에는 전기기타, 기타앰프, 드럼, 반주기, 반주기앰프, 마이크 시설을 갖춰 놓고는 시간 날 때마다 혼자서 연주를 하곤 한다. 반주기에서 기타소리를 무음으로 하고는 기타를 연주하고, 또는 드럼을 무음 처리하고는 드럼 연주를 하면서 혼자 그렇게 놀고 있다.

누구든 악기를 접하는 것은 정서적인 측면에서도 강력히 추천하고 싶다. 물론 즐기려고 악기를 배운다지만, 막상 악기를 전문적으로 배우다보면 그 세상은 생각 이상으로 어렵고 힘들고 많은 노력이 요구된다.

그러다 보면 그것이 또 다른 스트레스로 다가 올 수 있는데, 그런 것들을 잘 극복하면 그 너머엔 그 이상의 기쁨이 있으니, 그리고 평생 즐길 수 있으니 즐기면서 배워보길 권한다.

아내와의 만남

당신이 있어 세상이 아름답습니다

아내에 대해 글을 쓰려니 괜히 설레고 긴장된다. 어떻게 글을 써야 표현이 잘 될지 모르겠고, 너무 진중하고 경건하게 쓰자니 재미없을 것 같고 그렇다.

아내는 나에게 커다란 용기와 힘이 되었고, 그로인해 사업을 안정화시키는 데도 아내의 내조가 내게 큰 역할을 했다.

나는 32살에 사업을 시작했다. 자본금도 없이 무식할 정도로 사업을 시작했으며, 쉬는 시간도 없이 밤낮으로 정말 죽을 힘을 다해 3년 정도 일을 하니, 사업이 조금씩 안정을 찾아 갔다. 그리고 35살이 되었을 때, 사업도 사업이지만 이제는 결혼을 해야겠다는 생각이 들었다. 물론 그전에도 어머니가 주선한 선을 마지못해 몇 번 나가기도 했다. 그 당시 친구들은 대부분 20대 후반, 늦어도 30에는 다 결혼을 할 때였으니, 어머니 입장에서는 혼기가 가득 찬 내가 결혼을 하지 않고 있는 것이 얼마나 조바심이 났을까 생각이 든다. 가뜩이나 내 동생들도 이미 결혼을 한 상태였으니 말이다.

그러나 나이가 차니 결혼 상대를 구하기가 쉽지 않았다. 더욱이 미래가 불투명한 사업을 한다고 하니 더욱 상대방을 찾기가 어려웠다. 요즘은 사업에 대한 인식이 그리 나쁘지 않지만, 오히려 스타트업이니, 벤처기업이니 하면서 사업을 더 선호하는 시대가 되었다. 하지만 당시에는 안정된 직장에서 근무하는 것이 최고 신랑감이었다. 그래서 나는 목마른 놈이 우물 판다고, 보다 적극적인 자세로 만나는 사람마다 좋은 사람 있으면 소개시켜 달라고 적극 말하고 다녔다.

그러던 어느 날, 업무를 하던 중에 일본에서 제조된 수도꼭지용 정수기 팜플릿을 우연히 보게 됐다. 이 제품은 분석기기는 아니었지만 아이디어가 참신해서 샘플을 수입하고 싶어졌다. 그런데 내가 일본어가 서툴어, 주변에 수소문을 하여 일어를 잘하는 거래처 담당자를 소개받아, 그를 통해 샘플을 받아볼 수 있었다. 당시 담당자는 여성 대리 분이었는데, 업무차 두 번째 미팅을 한 후에 나는 "혹시 주위에 좋은 사람 있으면 소개시켜 달라"고 지나가는 말로 웃으면서 부탁을 했었다. 그리고 며칠이 지났을까 그 담당자가 "아는 언니가 있는데 한 번 만나 보시겠냐?"고 연락을 해왔다. 홍콩에서 일하다 얼마 전에 귀국한 언니라고 했다.

나는 너무 고맙다며 전화번호를 받고 약속을 정했다. 그녀의 회사가 있는 역삼동에 R호텔 커피숍에서 만나기로 하고 약속 시간에 맞춰 나갔다. 그런데 1시간이 지나고, 30분이 더 지나도 그녀는 나타나질 않았다. 나는 바람 맞았구나하고 씁쓸한 기분으로 집으로 돌아와야 했다.

그리고 그 다음날 아침에 다시 전화를 할까 고민을 하다, 그래도 약속 장소에 안 나온 이유라도 알아야 할 것 같아 전화를 걸었다. 그런데 그녀가 하는 말이 "내가 안와서 자기도 그냥 왔다"는 것이다. 알고 보니 그 호텔은 1층과 지하에 커피숍이 있었는데 각각 다른 층에서 기다렸던 것이었다. 그동안 호텔에 가본 적이 없던 나는 전혀 생각지도 못한 일이 생긴 것이다. 그래서 우리는 다시 약속을 정하고 그 다음날 약속 장소로 다시 나갔다.

그런데 또 1시간이 지나도 오질 않는 것이다. 당시에는 휴대폰이 귀했던 시절이지만 나는 사업상 삼성에서 출시한 폰을 하나 갖고 있어 전화를 하고 싶었지만, 그녀가 폰이 없다보니 연락할 방법이 없었다. "아! 또 바람 맞는가 보다. 열 받는데 그냥 갈까?"

그래도 혹시나 하는 마음에 조금만 더 기다려보자고 하고 30분쯤 더 지났을까, 내 앞에 한 여성이 활짝 웃으면서 "죄송해요"라며 앉았다.

그녀를 처음 본 순간이었다. 그 첫 느낌은 상당히 당당하고 자신감이 넘치는 커리어우먼, 또 세련미와 화려함도 느껴졌다. 그동안 몇 번 소개팅으로 만났던 여성들에게는 모두 실망했었던 터라 사실 이번에도 큰 기대는 하지 않았는데, 그냥 돌아갔으면 정말 후회할 뻔 했다.

그런데 문제는 이제부터였다. 그때부터 고난의 시작이 될 줄을 당시에는 몰랐다.

우리는 커피를 마시고 저녁을 먹으러 삼성동에 있는 cocos 라는 패밀리 레스토랑에 갔다. 사실 나는 그날 패밀리 레스토랑이란 곳을 처음 가본 것은 물론 이름도 처음 들어봤다. 종종 승용차 뒷좌석에 cocos라는 각 휴지를 올려놓고 다니는 승용차를 본 적이 있어서, 나는 그게 주유소 이름인 줄만 알았다.

그녀는 메뉴판을 보고 이것저것 주문하면서 나보고 무슨 음식을 좋아하냐고 묻는데, 생전 처음 보는 음식들이라 초면에 물어볼 수도 없고 난감하기 짝이 없었다. 매일 같이 사무실 옆에 있는 시장 분식집에서 된장찌개, 순두부찌개, 김치볶

음밥만 사먹던 내가 이런 레스토랑에 있는 음식을 알리가 없었다. 솔직히 '스파게티'도 그때는 몰랐다.

나는 메뉴판을 유심히 살펴보다가 메뉴판 맨 마지막 칸에서 드디어 아는 음식이 하나 눈에 들어왔다. 마치 사막에서 오아시스를 만남 기분이었다. 그건 바로 '카레라이스'였다.

나는 자신 있게 카레라이스를 주문하자, 그녀가 "카레라이스를 좋아하시나 봐요?" 물었다.

"예 무척 좋아합니다."

우리는 그렇게 음식을 주문하고 식사를 하며 많은 이야기를 나눴다. 식사를 마치고 당시 그녀가 살던 논현동까지 바래다주면서, 나는 애프터 신청을 했다.

"제가 전화해도 되죠?"

그러자 아내가 웃으면서 말하기를 "전화비 아까운데 뭐 하러 전화하세요?"

헉! 나는 지금도 그때 그 말을 잊지 못한다.

"아! 그러세요. 알겠습니다."

완전 자존심이 상해서 돌아서려는데 그녀가 조금은 미안했던지 "제가 나중에 전화 드릴게요" 하는 것이다. 나는 그저 미안하니 인사치레려니 생각하고 그냥 헤어져서 돌아왔다.

그리곤 4~5일 정도 흘렀을까?

외근을 다녀오니 그녀한테서 전화가 왔었다는 메모를 직원이 건네주었다.

　나는 당장 전화를 해서 약속을 정하고 그녀를 다시 만나게 됐다. 사실 전화가 올 것이라고는 기대하지 않은 상태였다.

　아무튼 그날은 저녁을 내가 알고 있는 최고의 식당으로 안내 했다. 내가 사는 집 근처 시장에 있는 돼지갈비집인데 건물이 많이 낡았지만, 마당이 있는 가정집을 개조한 식당이라 뒷마당 야외에서 식사를 할 수 있는 곳이었다. 낡은 동그란 흰색 플라스틱 원탁에, 파란 플라스틱 의자가 옛스러움과 촌스러움을 가득 간직한 곳이었다. 저녁에 가니 마침 골목 가로등이 이곳을 환하게 비치고 있었다. 흘러내리는 머리카락을 쓸어 올리면서 돼지갈비를 먹는 그녀의 모습이 실루엣처럼 가로등에 비쳐서인지 그날따라 너무 예뻐 보였다. 나는 그날 마음속으로 이 사람과 결혼을 해야겠다고 다짐을 했다.

　나는 사업을 시작하면서 국내 시장의 한계를 벗어나 글로벌 마케팅을 통한 해외 진출에 많은 꿈을 갖고 있었다. 물론 분석기기 국산화로 세계 시장 진출을 하면 더할 나위 없겠지만 기술력, 브랜드 명성, 디자인 등의 차이로 당장 자사의 국산 제품을 수출하기 보다는, 해외라인 개척을 통해 수입라인을 활성화시키고 나서, 향후 자사 제품을 세계 시장에 진출하는 것을 염두에 두고 있었다. 그래서 나름 영어학원도 열심히 다니면서 공부도 하던 중이었는데, 생각만큼 어학공부가 쉽지 않아서 고민에 쌓여 있을 때였다. 그래서 나는 너무 속보이는 짓일 수 있겠지만 앞으로 결혼 상대는 어학 잘하는 사람을 늘 염두에 두고 있었다.

그녀는 해외 마케팅이 주 업무다 보니 외국 주재원으로 근무도 하고, 외국계 기업에서만 주로 근무를 해왔었다. 전공은 스페인어를 했지만 그녀가 졸업한 대학은 부전공을 필수로 해야 했기에 영어, 일본어, 스페인어를 자유자재로 구사할 정도로 어학에서는 탁월한 능력의 소유자였다. 88올림픽 때는 브라질 왕족 통역도 맡아서 했고, 당시 직장인 영국계 R통신사에서 일본 출장을 갔을 때는 일어를 영어로, 영어를 일어로 통역할 정도의 실력자였다.

이런 이유들로 나는 그녀를 기필코 내 사람으로 만들어야겠다고 결심을 더 굳히게 됐다.

나는 그 다음날부터 매일 전화를 했다. 그런데 그녀는 나와 생각이 전혀 달랐다. 예의상 한번 만나 준거였고 더 이상의 발전은 원하지 않는다는 것이 그녀의 생각이었다.

전화를 해서 저녁에 만나자고 하면, 무슨 일이 생길지 모르니 약속을 못하겠다고 하고, 다시 늦은 오후에 전화를 해서 만나자고 하면 약속이 생겨서 거절하고…. 피하는 것인지, 정말 약속이 많은 것이지, 어쨌든 나하고의 선약은 우선순위가 아니었다. 나는 자존심도 상하고 치사한 생각도 들었지만 그래도 어떻게 하랴.

그래도 나는 하루도 빠짐없이 그녀에게 매일 전화를 했다.

그렇게 며칠을 전화하다 어렵게 약속을 잡을 때면, 나는 만나서 어떻게든 진도를 나가보려고 노력을 했지만, 그때마다 바로 그녀는 방어를 했다.

"김형일 씨가 좋은 사람이라는 거는 알겠어요. 본인이 생각해도 복이 넝쿨째 들어온 것도 알겠는데요. 미안하지만 나는 전혀 감정이 생기지가 않아요."

나는 감정이 생기지 않는다는 말이 그렇게 무서운 말인지 그때 알았다. 그럴 때마다 나도 꽤나 자존심이 상했지만 그래도 무조건 직진을 했다.

그 다음날 또 전화하고, 그러면 똑같은 답변이 오고, 그러다가 한 번 만나게 되면 결혼 상대는 아니니 이제 꿈 깨라고, 그래도 그 다음 날이 되면 또 전화를 하고….

우리는 그렇게 2년이란 시간이 흘렀다. 나는 그 시간 동안 화도 나고 지치기도 하고, 2번 정도 헤어지기도 했다. 그러다가 또 다시 자존심 다 내려놓고, 그래 누가 이기나보자 하면서 계속 그녀에게 연락을 했고, 또 만남을 이어가기를 반복했다.

그녀는 한 번씩 나를 만나면 고급 레스토랑으로 안내를 하면서, 듣도 보도 못한 음식들을 시켜서 먹곤 했다. 당시 내 수입은 그녀를 쫓아 다니면서 음식 값으로 다 썼던 것 같다. 지금 생각해보면 일부러 그렇게 비싼 음식들만 시켰던 것 아닌가 싶다. 나중에는 그동안 투자한 돈이 아까워서라도 필히 그녀를 내 사람으로 만들어야겠다는 오기까지 생겼다.

그렇게 헤어지고 만나기를 반복하던 중, 그녀도 서서히 나에게 마음을 열기 시작했다. 우리는 한강 공원에 차를 세워두고 Secret Garden의 CD를 들으며 데이트를 자주 했었다. 그런데 어느 날 한강 가로등이 나의 하얀 와이셔츠 뒷모습을 비추는데 그게 그렇게 멋있어 보였다고 한다. 앞면도 아니고, 얼굴도 아니고, 등이라니….

그날 이후 그녀는 나에게도 멋진 구석이 있구나하고 마음을 돌리기 시작했다고 한다.

나도 젊은 시절 DJ, MC, 그룹사운드를 하면서 지금의 아이돌만큼? 여성들에게 인기가 대단 했었는데…. 그래서 항상 여성들이 먼저 나에게 대시를 하곤 했었는데….

내 등판이 좋았다고 하니, 어쨌든 그것이 진심인지 에둘러 말하는 것인지는 모르겠지만….

어느덧 2년, 결코 짧지 않은 기간을 그녀한테 올인한 결과가 그나마 해피엔딩으로 끝나서 다행이었다.

우리의 프로포즈는 조금 특이하다. 물론 내가 만나면서 결혼하자고 했지만 프로포즈를 따로 해야 하는지를 잘 몰랐었다. 그러던 어느 날 손편지 한통이 왔길래 봉투를 뜯어보니 그녀가 나에게 보낸 편지였다. 내용인 즉 나와 결혼하고 싶으면 24시간 내에 프로포즈를 하라는 내용이었다. 그렇지 않으면 결혼은 없던 일로 하겠다고….

당연히 나는 편지를 받자마자 바로 프로포즈를 했고, 그때 그 편지는 아직도 보관 중에 있다.

프로포즈를 할 즈음 나는 작은 사무실에서 숙식을 하다 전세 3,000만원에 동네 빌라 반지하방에 입주했다. 건물이 너무 오래돼서 많이 낡았지만 그래도 내가 처음 갖게 되는 전세 집이었다. 방 2개, 욕실, 싱크대, 기름보일러가 갖춰진 집이었다. 비가 조금 많이 오면 하수구가 역류해서 물이 넘치기도 하고, 바퀴벌레도 나오고, 햇빛도 안 드는 지하방이지만 그래도 나는 궁궐을 가진 그런 기분이었다.

나는 이 정도면 신혼집을 차려도 되겠다고 들뜬 기분에 간신히 마음을 연 그녀를 당당하게 집에 초대를 했다. 주방기구는 없었지만 냄비는 있었기에 칼국수 라면을 끓여 먹으면서 나는 자연스럽게 "이 집 좋지? 결혼하면 여기서 살자? 어때?"
라고 말을 건넸다.

당시 그녀는 논현동에 살았는데, 대학생이었던 여동생과 아
주 작은 원룸에서 살고 있었다. 그녀 역시 어렵게 대학을 졸업
하고 가진 것 없이 살고 있을 때였다. 그래서 내 생각에는 이
집이 비록 반지하이지만 그녀가 사는 집에 비하면 훨씬 낫다
고 생각했다.

하지만 그녀의 얼굴이 이내 어두워졌다.

"여기서요?"

"뭐 어때서. 좋잖아?"

그 이후로 한동안 그녀에게 연락이 오질 않았다.

나는 안되겠다 싶어 다시 있는 돈 없는 돈 다 긁어모아서 다
른 집을 알아보기 시작했다.

다행히 당시에는 IMF 때라 주택 가격이나 전세 가격이 많
이 내려와 있었다. 그래서 잠실 아파트에 전세 계약을 하게 되
었다. 비록 아파트는 많이 낡았지만, 30평형에 방 3개가 있는
대저택을 신혼집으로 꾸미고 나니 세상 모든 천하를 얻은 기
분이었다.

그때 전세금을 구하지 못해서 전전긍긍 하고 있는데, 그녀
가 눈치를 채고 그동안 저축한 돈을 나에게 내미는 게 아닌

가. 본인도 어렵게 학교를 졸업하고 근검절약하면서 저축했던 돈을 결혼 전에 나에게 준다는 것은 사실 쉽지 않은 결정이었을 것이다. 지금도 아내에게 그때의 고마움을 무한히 느낀다.

그렇게 우리는 1998년 드디어 결혼을 하게 되었다. 나중에 알았지만, 연애 중에 아내는 호주 유학 준비를 하고 있었다고 한다. 학교도 결정되어서 학비도 송금을 마친 상태라 지금 결혼을 해야 하는지 갈등을 많이 했었다고 한다. 결국 아내는 여동생에게 그 유학 자리를 넘겨주고 나와 결혼을 했다. 또 나랑 만나면서 이렇게 결혼까지 하게 될 줄은 정말 꿈에도 생각하지 못했다고 한다. 그런 것을 보면 결혼이라는 것은 인연이 따로 있는 것 같다.

그래도 멋진 신랑을 얻었으니 손해나는 장사는 아니지 않았을까?

그런데 사실은 2년 전에 돌아가신 어머님이 아내와 만날 것을 아주 예전부터 예측했었다.

아내 고향은 평야로 유명한 전라북도 '김제'이고 나는 강원도 '원주'가 고향이다. 서로 만날 일이 없는 사이지만 서울에 살다보니 인연이 된 것이다.

지금이야 조리김, 즉 기름에 김을 발라서 구운 김은 슈퍼에서 쉽게 구해 먹을 수 있지만, 우리 어렸을 때는 집에서 어머님이 직접 김에 콩기름이나 들기름을 바르고 불판에 직접 구워서 먹곤 했었는데 간혹 내가 김제는 일을 도와 드리곤 했었다. 그러다보니 예전부터 어머니는 나에게 이런 말씀을 자주 했었다. "형일아! 빨리 와서 김제라"

아내가 제일 싫어하는 노래는? 하수영의 '아내에게 바치는 노래'. 이유는? 가사 중에 "나는 다시 태어나도 당신만을 사랑하리라" 때문에….

올해로 결혼 25주년이 되었다.

사람이야 누구든 살면서 장단점이 있게 마련이고, 살아온 환경이 다르니 부부갈등이 생기는 건 부인할 수 없는 사실이다. 우리 부부도 예외일 수는 없지만 그래도 그동안 살면서 느낀 것은 아내가 웬만한 남자보다 의리가 있다는 것이다. 뚝심 같은 의리와 오랜 사회생활에서 터득한 현명함은 사업하는 나에게는 많은 도움이 되고 있다. 나는 회사일 특히 해외 업무에서 내가 결정하지 못하는 사항들에 대해 아내 의견을 많이 구하는 편이다.

그러나 가정주부로서의 역할은 한계가 있다는 것이다.

어떻게 하겠나. 그건 개선이 안되는 걸….

열일곱 번째 이야기

자녀 출산과 교육

기적 같은 딸과 아들,
사랑해!

첫째 딸

결혼 후 얼마 지나지 않았을 때, 새벽에 아내가 배가 너무 아프다며 비명을 지르기 시작했다. 원래 아파도 내색을 잘 안 하는 편인데 죽을 만큼 아프다는 거였다.

새벽에 급히 병원 응급실에 입원하고 기다리는데, 의사가 지금 급히 수술하지 않으면 아내 생명이 위독할 수 있다는 거였다. 그래서 아내는 긴급히 수술을 받게 되었고, 수술을 마치고 나온 집도의는 수술은 다행히 잘 됐지만, 불행히도 임신 중이던 아내는 유산이 되었다고 말을 해주었다.

임신? 금시초문이었다. 나도 아내도 전혀 예기치 못한 임신이었다. 그러나 잘못된 임신으로 산모의 생명이 위독하게 되어 긴급 수술을 받아야 했다. 다행히 아내는 회복이 잘돼서 건강을 되찾았지만 간절히 원했던 첫아이를 잃었다는 슬픔이 우리의 마음을 너무 아프게 했다.

그 후 우리는 아기를 갖기 위해 많은 노력을 했지만 좀처럼 아기가 들어서질 않았다. 후에 알고보니 아내가 받은 수술은 매우 위험한 수술이었고, 그로 인해 임신이 어렵게 되었다는 것을 알게 되었다.

혹시나 하는 마음에 병원도 여러 차례 가서 검사도 해보고 했지만 아무리 노력해도 임신이 되질 않았다. 그러다 보니 아내도 조급증에 불안 증세까지 나타나게 됐다. 결국 우리는 인공수정을 해보자고 했지만 이 역시도 여러 차례 실패하고 말았다. 아내도 나도 몸과 마음이 점점 지쳐가고 있었다.

그래도 아이를 포기할 수 없었던 우리는 마지막으로 시험관 아기를 시도하기로 했다. 시험관 아기는 확률이 꽤 높기 때문에 어느 정도 기대가 됐다. 그런데 시험관 아기를 위해 난자를 만들고 채취하는 과정에서 아내가 받는 고통이 너무 심했다. 그렇게 착상을 한 후에는 집에서 매일 같은 시각에 주사도 맞아야 했다. 나는 일을 하다가도 아내가 주사 맞을 시간이 되면 집으로 달려가 매일 주사를 놓아주었다. 얼마나 그렇게 노력을 했을까, 이제는 아기가 생길 법도 한데, 하늘도 무심하시지 결국 우리는 시험관 아기도 2차례나 실패하고 말았다. 아내는 너무 실망감이 커서 길거리에 지나가는 아기들만 봐도 눈물을 글썽거렸다. 나도 아이에 대한 미련이 컸지만, 어찌 하겠는가 더 이상 억지로도 할 수 없는 것을….

그렇게 포기하려던 차에, 우연히 친구가 용한 한의원이 있으니 거기 한 번 가보라는 거였다. 영등포역 근처에 중국인이 운영하는 한의원이었는데, 거기서 한약을 처방받은 불임부부들이 모두 아기를 가졌다며, 자기 여동생도 거기서 한약을 먹고 임신에 성공했다는 것이었다. 우리 부부는 지푸라기라도 잡는 심정으로 한걸음에 찾아가 진맥을 하고 한약을 받아왔다. 그만큼 너무 절실했었다. 하지만 한약을 먹고 시간이 흘러도 아무런 효과가 나타나지 않았다. "아 이제는 정말 포기해야겠다"고 생각이 들었다. 더 이상 안되겠다 싶어, 난 아내에게 "우리한테 아기는 없는 팔자 같으니 다 잊어버리고 우리 둘이 행복하게 살자"고 위로하면서, 그동안 직장과 산부인과 다니면서 지칠대로 지친 아내에게 사표를 내고 좀 쉬라고 말했다.

그리고 기분도 전환할 겸 이사도 가자고 했다. 사실 전세로 살고 있는 이 집을 사고 싶었으나 여러 가지 조건이 맞지 않아 고민하던 중이었다. 아내도 워낙 오래되고 낡은 아파트에서 벗어나고 싶었는지 서둘러 집을 알아보자고 했다.

난 바로 집을 알아보기 시작했다. 아내와 여기저기 다니면서 집을 알아보던 중 맘에 딱 드는 아파트가 눈에 들어왔다. 2년 정도 된 신축 아파트였는데 가격도 저렴하기에 바로 계약을 하고 이사를 하게 되었다.

아내도 처음 마련한 집에 너무 만족해했고, 지금까지 일해 온 회사도 그만둔지라 시간적 여유도 생기고, 조금씩 기분도 좋아지면서 예전의 모습을 되찾아 갔다.

이사도 했으니 손님들을 초대해서 집들이도 하고 축하도 받고 하면서 바쁘게 시간을 보내고 있는데, 어느 날 아내가 걱정스러운 표정으로 나에게 요새 속이 너무 안 좋아서 자꾸 구역질이 난다는 거였다. 나는 속병이 도졌나 싶어서 빨리 병원에 가서 진찰을 받아보라고 했다.

아내도 걱정이 됐는지 장모님에게 자초지종을 말했다고 한다. 그러나 장모님은 아내에게 내과가 아닌 산부인과부터 가보라고 말씀을 하셨다는 것이다. 나는 그런 사실을 나중에 알았지만, 아내는 그 말을 듣고 바로 다니던 산부인과에 가서 진찰을 받고 왔다고 한다.

산부인과에 간지도 모르고 회사에서 일하고 있는데, 아내에게서 전화가 걸려왔다.

"여보세요?" 그러자 아내가 울먹이면서 "오빠! 나 임신이래, 임신했데!" 하는 거였다.

순간 나는 "잘못 들었나?" 내 귀를 의심하지 않을 수 없었다.

사실 이제는 아기에 대한 부분은 포기한 상태였다. 그런데 이게 웬일인가. 임신이라니….

나는 하던 일을 멈추고 곧장 집으로 달려갔다. 아내가 초음파 사진을 보여주는데 정말 작은 점이 보였다. 그게 바로 '아기집'이라는 거였다.

난 도무지 믿겨지지가 않아 "정말 맞는 거겠지. 오진 아니지"라고 재차 물어보았다. 정말 꿈을 꾸는 것은 아닌지 그 순간 세상이 달리 보였다.

나중에 들어보니, 아내가 병원에서 임신 사실을 확인했을 때 병원 직원들도 아내 손을 잡고 축하한다면서 같이 펑펑 울었다고 한다. 그만큼 아내가 고생한 것을 병원 직원들도 알기에 진심으로 축하를 해주지 않았나 싶다.

시간이 흐를수록 아내 배도 불러오기 시작하자 그제야 난 마음이 놓이고 실감이 나기 시작했다. 아내가 그렇게 입고 싶어 하던 배가 불룩 나온 임부복도 마련해서 입고 다니기 시작했다. 2002년 월드컵 4강으로 온 나라가 떠들썩거릴 때 아내는 뱃속 아기가 놀랄까봐 소리도 못 지르고 쉬쉬하던 모습이 지금도 눈에 선하다.

우리 부부는 2002년 11월 드디어 S병원에서 소중한 '딸'을 맞이하게 되었다. 결혼 4년 만에, 내 나이 40에 얻은 아기였다.

우리 주위에는 노력해도 아기가 생기지 않아 힘들어 하는 부부들이 많다. 우리 역시 그런 경험을 해봤기에 동병상련의 심정으로 정말 위로를 보내고 싶다.

누구는 옷깃만 스쳐도 아기가 들어선다는데, 예전에 한의원을 소개해준 친구는 지금도 그 한약 덕이라고 한다. 약효가 늦게 나타났다는 것이다. 혹시 사실인가?

딸아이를 낳고, 주변에서 첫째 낳으면 둘째는 쉽게 생긴다고 하여, 둘째 준비를 열심히 노력했지만 깜깜 무소식이었다. 병원에서 날짜와 시간을 받아와서 둘째를 열심히 준비했지만 모두 허사였다. 그래서 우리 부부는 "아! 여기까지인가 보다 한 명이면 어때"하고, 딸아이를 열심히 잘 키워보자고 다짐하고, 둘째에 대한 욕심을 버렸다.

둘째 아들

하루는 아내가 속이 너무 안 좋아서 내시경을 예약했다고 한다. 그런데 이번에도 아내는 장모님과 통화를 하다가 증상을 얘기하니 장모님이 빨리 산부인과에 가보라고 했다는 것이다.

아내는 혹시나 해서 산부인과에서 진료를 받고 오더니 나에게 초음파 사진을 보여주면서 '임신'이라는 거였다.

나는 이번에도 전혀 믿겨지지가 않았다. 그도 그럴 것이, 첫째 딸을 낳고 벌써 10년째 둘째가 들어서질 않아 포기하고 있었기 때문이다. 더욱이 내 나이 50이 돼서 무슨 임신이냐고….

아내 나이도 이제는 적지 않은 나이기도 해서 그게 가능할까 싶기도 했다.

설령 임신이라고 해도 걱정이 먼저 앞서기 시작했다. 큰 아이와 나이 차이도 있지만, 우리 나이도 적지 않은지라 낳아서 키운다고 해도 걱정이 앞섰다. 좋기도 했지만 이 기적 같은 일을 마냥 기뻐만 해야 하는지도 좀 얼떨떨했다.

아무튼 이 아이도 엄마 뱃속에서 무럭무럭 잘 자라서 분만할 때가 와서 K대 병원에 입원을 했다. 큰 아이는 S병원에서 출산 했으나 K대 병원은 마침 아내 친구가 의사로 근무도 하고 신축 병원이라 시설도 깨끗해서 이 병원으로 결정을 하고 입원을 했다. 더욱이 아내 친구가 이 병원 의사이면서 산부인과 여성 주치의와도 친구 사이라 아내에게 많은 신경과 관심을 갖고 진료를 봐주기도 했다.

출산 당일 아내를 수술실로 보내 놓고 나는 보호자 대기실에서 기다리고 있을 때였다. 얼마 지나지 않아 급히 수술실로 들어오라는 다급한 방송이었다. 나는 가슴이 철렁 내려앉았다. 보호자를 수술실로 오라는 것은 무슨 의료사고가 크게 발생했기에 들어오라는 게 아니겠는가?

떨리는 가슴으로 수술실 앞에 가니 나에게 수술복을 입히고 소독 후에 수술실로 들어가자는 거였다. 나는 속으로 "무슨 사달이 나도 단단히 났구나!" 생각하고 다시 한 번 마음을 굳게 먹었다. 수술실 문을 막 여는 순간 인큐베이터에 막 태어난 건강한 아기가 보였다. 나는 혹시나 해서 "이 아기가 ○○씨 아기 맞습니까?"라고 간호사에게 물었다. 그러자 "맞다"는 거였다. 그럼 아내에게 무슨 문제가 생겼나? 수술실에 들어가 보니 아내는 수술대 위에 마취상태로 누워 있는 상태였고 의료진들이 둥그렇게 서서 이야기를 주고받고 있었다. 나는 차마 가까이 갈 수가 없어서 두 걸음 뒤에 서 있었는데 주치의가 나를 보더니 아내 앞으로 오라는 거였다. 나는 아내에게 뭔가 큰일이 생긴 게 확실하다는 생각에 가슴이 쿵쾅 거렸다. 자세한 이야기는 언급하기 그렇지만 앞으로 셋째 아기는 산모 신체상 갖기 불가능하니 주의하라는 거였다. 나는 불행 중 다행이라고 생각하면서 안도의 숨을 내쉬었지만, 한편으로는 속으로 이걸 굳이 수술실까지 나를 불러서 설명할 필요가 있을까

라고 생각했다. 일단 산모도 애기도 무사해서 나는 너무너무 감사하고 또 감사했다. 잘 마무리 부탁한다고 하고 나는 수술실을 나왔다. 천만다행이었다.

돌이켜 보건데 주치의는 나와 아내가 의사인줄 알았던 거였다. 아내 친구도 두 내외가 의사다 보니…. 그래서 내게 전문용어를 써가면서 수술실로 들어오라고 했던 것 같았다.

그래서인지 툭하면 새벽에도 호출해서 아이 상태를 설명하고 진찰하고, 신경 써주는 건 좋은데 과도하다 보니 입원 기간 동안 내내 힘들었던 기억만 난다. 과유불급이라고….

그렇게 해서 우리는 기적처럼 둘째 아들을 10년 만에 얻게 되었다. 벌써 올해 초등학교 6학년 12살이 되었다. 언제 크나 했더니 벌써 이렇게 자랐다.

대견스럽고 사랑스럽기가 이루 말할 수가 없다. 요새는 본인이 자칭 사춘기라며 말 안 듣는 것을 합리화시키려 한다. 그리고는 아빠를 자꾸 힘으로 이기고 싶어 한다.

자녀 교육

첫째 딸은 어려서부터 싱크로나이즈 같이 활동적인 운동들을 좋아 했다. 싱크로나이즈는 전국대회에서 3등에 입상할 정도로 연습도 꽤나 열심히 했었다. 그래서인지 지금도 물에 풀어 놓으면 완전히 물개가 되어 버린다. 그밖에도 스키, 스피드 스케이팅 같은 격한 운동을 즐겼다. 조금은 남자 같은 터프함이 있었지만 반면에 피아노도 열심히 쳐서 초등학교 저학년 때는 교내 콩쿠르에서 우승도 하곤 했었다. 그러던 중 초등학교 3학년 때 학교에서 아내한테 전화가 걸려왔다. 딸이 학교 특활 시간에 바이올린을 배웠는데 아무래도 재주가 있는 것 같으니 전문 선생님을 붙여보라는 거였다. 우리는 전혀 그런 사실을 알지 못했던 터라 내심 깜짝 놀랐다. 딸의 말을 빌리자면 동네 악기상 TV에서 바이올리니스트의 연주가 나오는데 너무 멋있고 감동을 받아서 학교 바이올린 특활반에 지원해서 배웠다는 거였다.

그런 이유로 아내는 지인을 통해 개인 선생님을 소개받고 가르쳤는데, 그 선생님도 더 큰 선생님께 배우는 게 좋을 것 같다고 해서 소개를 받아 유명 바이올리니스트에게 레슨을 받기 시작했다. 나중에 알았지만 우리는 음악의 세계가 그렇게 험난하고 터프하며 살 떨리고 무한 인내와 희생이 요구되는 세계인줄 전혀 몰랐었다.

딸은 3학년이 되어서야 바이올린을 본격적으로 시작했기에 또래 친구들에 비해 많이 늦은 편이었다. 보통 5~6살에 시작을 해야 늦지 않게 갈수 있는 게 이쪽 세계였다.

딸은 예술중학교를 준비하기 시작했고 열심히 준비했지만 노력한 만큼 좋은 성적이 나오지 않아서 고민 중에 있었다. 예술중학교에서는 입학시험을 치르기 전에 시험 치를 곡으로 콩쿠르를 진행한다. 입학시험의 전초전 성격으로 이 콩쿠르에서 2차까지 합격을 하면 거의 입학시험에 합격할 수 있는 안정권에 들었다고 보면 됐다.

하지만 딸은 이 콩쿠르에서 1차에 떨어졌다. 정말 열심히 연습했고 아내도 밤잠을 설쳐가며 뒷바라지를 했기에, 그 결과에 대한 충격과 허망함은 이루 말할 수가 없었다.

입학시험이 이제 한 달도 남지 않은 상태에서 아내가 딸 연습실에 앉아 있는데, 어디선가 딸과 동일한 입시곡이 들려와 유심히 들어보니 바로 옆 연습실에서 들려오는 소리였는데, 너무 잘하더라는 것이었다. 연주가 끝나고 그 연습실에서 딸과 비슷한 또래의 아이가 나오고, 그 아이의 엄마로 보이는 분이 데려가려는 차에 아내는 무작정 말을 걸었다고 한다.

"아이가 연주를 너무 잘 하네요. 저희 딸도 똑같이 바이올린을 하는데 이번에 예중 콩쿠르에서 떨어져서 지금 어떻게 해야 할지 막막하네요."

그러자 그 어머니가 나도 바이올린 선생님이니 내 앞에서 연주 한번 해보라고 해서 딸이 연주를 했다. 연주를 들어보더니 "딸이 음악성도 있고 실력이 나쁘지 않네요"라며 핸드폰을 꺼내 누군가 통화를 하더니 "그럼 제가 큰 선생님 한 분을 소개해 줄테니 가보라"는 거였다.

갑작스런 제안에 아내는 "그럼 내일 가볼게요"라고 하자, 그 어머니가 "무슨 소리냐 지금 당장 가셔야된다"고 다그쳤다. 그렇게 아내는 예정에 없던 큰 선생님을 찾아가게 되었다.

큰 선생님은 딸의 연주를 듣고 잠시 고민을 하다, 입학시험이 한 달도 안 남은 시점에서는 입시생을 안 받는데, 딸의 경우 가능성이 보이니 레슨을 하겠다고 허락해 주었다. 나중에 알고 보니, 일반적으로 음악 레슨 선생님을 소개해주거나 오픈시키는 것은 절대 금지되어 있다고 한다. 왜냐하면 서로 경쟁자들인 관계에서 선생님을 소개해 준다는 것은 경쟁자가 더 잘하게 만드는 일이기 때문이다. 그렇게 생각해보니 큰 선생님을 소개해준 그 어머니가 너무 고마웠다.

사실 우리는 딸이 음악을 하고 싶다고 해서, 그냥 근처 학원에서 배우면 되는 줄 알았다. 입시 전문 레슨 선생님은 생각도 못했다. 정말 아무런 정보 없이 음악을 시작한 것이었다.

다행히 딸은 큰 선생님을 만나 예술중학교에 합격할 수 있었고, S예고를 거쳐 최종 목표였던 S대학에 합격할 때까지 그 선생님과 같이 했다.

딸은 대학 입시에서 한차례 쓰디쓴 고배를 마셨다. 딸은 한동안 방에서 나오지도 않고 울기만 했다. 우리 마음도 이렇게 아픈데 본인 속이야 어떻겠는가? 정말 힘겨운 시간이었다.

일주일이 흘렀을까 딸이 방에서 초췌한 모습으로 나왔다. 그러더니 "엄마 아빠, 나 더 이상 울지 않을게요. 이제 다 울었어요. 내일부터 다시 시작할게요."라는 것이다.

그날 이후 딸은 핸드폰에 저장된 친구들 번호를 모두 지웠다. 딸은 6년 연속 학생회장을 할 정도로 매우 활동적이고 리더십이 뛰어나 주변에 친구들이 무척 많았다. 그런 딸이 친구들 번호를 다 지우기로 결정했다는 것은 정말 큰마음을 먹은 거였다. 나도 사업 초기에 사적인 만남을 모두 거절했던 적이 있었는데, 역시 그 아버지에 그 딸인가 보다.

그 후로 딸은 매일 연습실에서 새벽 3시까지 연습을 했고, 아내는 그 새벽에 잠도 못자고 매일 딸을 데려오기를 반복했다. 음악 하는 친구들이 다 그렇듯 딸도 악기가 닿는 목이 다 허물어 진물이 나고, 목 디스크, 팔목 통증에 항상 시달려도 이를 악물고 연습을 했다.

만약 이번에도 안되면 유학을 가기로 합의가 됐지만, 딸은 그래도 대학생활 만큼은 한국에서 그리고 S대에 꼭 합격하고 싶다는 의지가 대단했다.

딸이 다니는 연습실은 창문도 없는 2평 남짓한 곳이었다. 거기서 하루 종일 연습하고 또 연습하고 또 반복하는 일상을 이어갔다.

그렇게 1년이 흘러 딸은 다시 S대에 원서를 냈다. 시험은 1차에 합격한 학생들만 2차 시험을 본 후 최종 합격이 결정되는 식이었다. 딸은 다행히 1차 시험에 합격을 했고, 2차 시험을 준비하고 있는 중에 할머니(나의 어머니)가 돌아가셔서 집안 분위기가 어수선했지만, 무사히 2차 시험을 치르고 발표를 기다리고 있었다.

나는 아내가 알려준 합격자 발표 전날에 L그룹 동기들과 골프 약속이 있어서 골프장을 갔다. 파3에서 티샷을 끝내고 퍼팅을 하기 위해 그린으로 가고 있는데, 카트에 있는 내 전화기에서 벨이 울렸다. 뛰어가 전화를 받아보니 아내였다. 평소에 특별한 일이 아니면 전화를 잘 하지 않는 아내 전화에 난 직감적으로 "발표는 내일인데? 혹시?" 가슴이 뛰었다.

"여보 합격했어. 우리 딸 붙었어!" "아빠 나 합격했어!"

울먹이는 아내와 딸의 목소리가 들려왔다. 나는 순간 목이 메여 말이 나오질 않았다.

"정말? 정말? 발표는 내일 아니었어?"

아내는 내가 걱정할까봐 일부로 합격자 발표 날짜를 하루

늦게 알려준 것이었다.

그렇게 한 번의 실패를 딛고 다시 도전해 꿈에 그리던 S대에 합격한 딸이 너무 자랑스럽다.

고생한 딸도 딸이지만 그 뒷바라지를 묵묵히 함께 해준 아내의 심정과 감회는 어땠을까?

콩쿠르나 입시 성적에 따라 일희일비 안하고 딸을 격려하고 믿고 사랑을 줬다.

또한 아내는 끝까지 선생님을 믿고 그 분의 의견에 따랐다. 그렇게 선생님 한 분에게 초등학교부터 대학 입시까지 딸을 맡기고 같이 간다는 것은 이쪽 세계에서 사실 결코 쉽지 않은 일이지만 아내는 선생님을 끝까지 믿고 여기까지 온 것이다.

음악을 하는 학부모들은 입시나 콩쿠르에서 성적이 저조하게 되면 선생님을 바꾸는 게 일상화 되어 있다. 그러면서 선생님과의 트러블도 많이 생기고 또는 서로 상처를 받게 되는 일들이 자주 있곤 한다.

의리의 사나이 아내?

당신이 있어 세상이 아름답습니다!

돌아보면, 딸이 음악에 발을 들여놓은 순간부터 우리 가족은 딸이 대학에 진학할 때까지 휴가 한 번 제대로 가질 못했다. 레슨이 언제 잡힐지도 모르고 하루라도 연습을 게을리 할 수 없었기 때문이었다. 그 어려운 과정을 열심히 해준 딸과 묵묵히 지원을 아끼지 않은 아내에게 정말 감사한다. 또 딸이 대학에 갈 때까지 함께 해준 큰 선생님과 그 선생님을 소개해준 어머니에게 진심으로 감사하다. 아내는 지금도 그들을 은인으로 생각하고 자주 만남을 이어가고 있다.

우리 부부는 딸 연주회에 자주 간다. 갈 때마다 느끼는 것이지만, 정말 그들의 연주 실력에 감탄을 금치 못한다. 진짜 잘한다. 어려서부터 음악에 있어 천재 소리를 듣던 그들이 어울려 발산하는 연주이니 그 얼마나 잘하겠는가. 앞으로도 딸의 음악 인생을 응원한다.

나는 예전부터 꼭 하고 싶었던 꿈이 있었다. 나의 동문회장 취임식에서 S대에 합격한 딸이 축하 연주를 해주는 것이었다. 과연 그런 날이 올까? 늘 상상해왔다.

그런데 그 상상이 현실이 되었다. 내가 재경 ○○고등학교 총동문회 회장 취임식 때 딸이 고교 동문들 앞에서 멋진 연주를 해주었다. 정말 감개무량했다.

"딸 고마워! 그리고 사랑해!"

부록
골프 매너와 상식

자서전을 준비한다고 하니, 몇몇 지인들이 네가 골프를 좋아하니 골프에 관한
글을 써보면 어떻겠냐고 하기에, 고민 끝에 이번 기회에 "누구도 알려주지 않
는" 그러나 "많은 실수를 하면서도 실수인지를 잘 모르는 것들"을 간추려 정
리한다. 골프를 사랑하는 골퍼들에게 도움이 되길 바란다.

요즘 '골프'는 그 인기가 대단하다. 회원권을 가지고 있어도 부킹이 쉽지 않을 정도로 남녀노소, 특히 젊은 층에서 골프가 패션의 유행 같이 급속도로 확산되고 있다.

국민건강을 위해서 스포츠가 각광 받는 것은 매우 바람직하다고 할 수 있으나, 그로 인한 골프장의 횡포, 그린피 및 카트비의 비상식적인 인상은 골퍼들의 눈살을 찌푸리게 하는 정도가 아니라 화를 자초하게 하는 것 같다. 영원한 것은 없는데 코로나로 인한 특수를 오인해서 소비자를 우습게 아는 골프장들은 이제부터라도 골프가 국민운동으로 거듭날 수 있도록 대오각성을 해야 할 시점이라고 생각한다. 정말 명심해야 할 것이다.

이렇게 골프가 대중화될수록 골퍼들의 골프 매너가 심각하게 실종됨을 골프를 사랑하는 사람으로서 매우 안타깝고 때론 화나게 해서 그동안 느꼈던 문제점들에 대해서 몇 자 적어보려 한다. 물론 나는 프로골퍼도, 골프 규칙을 전문적으로 공부한 사람도 아니기 때문에 규칙의 잣대로만 보면 다소 모순이 있을 수도 있을지 모른다. 하지만 필드에서 느끼는 잘못된 관행이나 매너 등을 개선하고자 하는 바람에서 몇 자 적어본다.

1. 골프 복장

예전에는 회원제 골프장에 입장하기 위해서는 골프자켓 착용이 의무였던 적이 있었다. 지금이야 그 정도까지는 아니더라도, 슬리퍼를 신고 골프장 출입을 하는 것은 절대 지양해야 된다고 생각한다.

골프 붐으로 많은 골퍼들이 좀 더 규정이 자유로운 퍼블릭에서 골프를 배우는 게 현실이다. 그러다 보니 골프에 대한 에티켓 보다는 복장, 골프 룰, 소음 등 본인이 편안대로 행동하는 골퍼들이 날로 늘어가는 현실이다.

이런 문제들을 골프장이 고쳐나가야 하는데 요즘은 회원제 골프장마저도 돈벌기에 급급해서인지, 아니면 귀찮아서인지 제재를 하지 않는 것을 자주 목격하게 된다.

예전에는 반바지를 입고 출입하거나 운동하는 것이 엄격히 금지된 적도 있었으나, 더워진 날씨로 인해 반바지 입장 및 운동을 허락하는 골프장들이 많이 생기기 시작했다. 그러나 회원제 골프장에서는 아직도 남성인 경우에는 반바지 입장을 금지하고 있는 경우도 많이 있는데, 그럴 경우에는 절대 반바지를 입지 말아야 한다. 이를 무시하는 행동은 결국 본인 얼굴에 먹칠을 하는 행동임을 자각하길 바란다. 물론 한여름 반바지 라운딩은 정해진 규정 내에서 적극 권유하는 편이다. 또한 골프장 출입시 청바지나 진 종류의 바지도 자중했으면 한다. 내가 편하면 됐지 무슨 상관이냐고 할지 모르겠으나 자유로움이란 정해진 규정 내에서의 자유임을 망각하지 않기를 바란다.

2. Tee off

티오프 시간이 1시라고 하면 1시까지 가면 되는 줄 아는데, 'Tee off'의 뜻은 골퍼 일행 모두가 샷을 하고 티박스를 벗어나는 시간을 말한다.

골프에서의 시간은 매우 중요하다. 특히 우리나라의 경우에는 티오프가 '7분 간격'이므로 최소 30분 전에는 골프장에 도착하여 티박스에는 최소 10분 전에 나가서 준비를 마쳐야 한다.

운동을 하다 보면, 항상 늦는 친구들이 있다. 물론 개인적인 업무가 급하게 발생될 수 있거나 차가 막혀 그럴 수도 있겠지만 이상하게 늦는 사람은 습관처럼 항상 늦는다. 이유야 어찌됐든, 귀한 시간을 내서 비싼 비용을 치르며 온 일행에게 늦게 오는 건 정말 예의가 아니니 조금 더 신중하길 바란다.

(1) 티박스

티박스에 대해서는 할 말이 너무 많다.

핑계 없는 무덤 없다고 첫 홀부터 일행들에게 항상 듣는 말이 있다.

"올해 채를 처음 잡아보네"

"나는 연습도 안하고 몇 개월 만에 처음 나와 보네"

"요새 몸이 안 좋아서"

"어제 술을 밤새 먹어서" 등등.

골프가 잡혀 있으면 술자리도 어느 정도 조절해야 하는 게 아닌가? 그것이 상대방에 대한 배려이고 예의 아닐까 싶다. 진짜로 골프채를 몇 개월 만에 잡는 건지 모르겠지만, 일행들이 처음부터 마지못해 나온 양 말하거나, 난 골프에 별 관심 없는데 오라고 해서 그냥 왔다는 뉘앙스를 풍기면 정말 맥 빠지는 골프가 되기 십상이다. 글쎄, 처음부터 핑계거리를 만들려고 보호막을 치는 건지는 모르겠지만 그런 말들은 삼가야 할 것이다.

① 티박스에는 플레이어만

사실 이건 나도 잘 안 고쳐진다. 티샷은 정말 중요하다. 드라이버도 1타. 퍼터도 1타라 하지만 드라이버가 잘못 가면 2번째 샷도 망가지고 파온도 힘들어진다. 오비나 헤저드 시에는 벌타까지 받게 되니 티샷 시에는 일행들의 주의가 필요하다. 필히 플레이어만 티박스에서 샷을 할 수 있도록 세심한 주의와 배려가 요구된다.

② 플레이어의 어드레스

플레이어가 티샷을 위해 어드레스에 들어가면 일행들은 무조건 조용히 해야 한다. 앞서 티샷의 중요성을 얘기했듯이, 이는 골퍼의 가장 기본적인 매너인 것이다. 친구들끼리 오면 장난치고 떠들고 할 수 있다. 그러더라도 티샷 주자가 어드레스에 들어가면 다 같이 정숙할 수 있는 골프 매너를 익혀주길 바란다. 플레이어가 조용히 하라고 요청하면 가끔 일행 중에는 까다롭게 군다느니, 멘탈이 약하다느니 하면서 비아냥거리는 골퍼가 있다. 정말 이해가 안 간다.

③ 티박스 옆에서 연습 스윙 금지

꼭 티샷을 하려고 하면 옆에서 윙윙 하면서 연습 스윙하는 사람들이 있다. 세컨 샷에서도, 심지어는 퍼터 시에도 자기 볼을 놓고 딱딱 거리면서 연습하는 사람들이 있는데 절대 금지하길 바란다.

④ 티박스에서 티 위치 엄수

티박스에서 티 위치는 기준선에서 앞으로 나가면 안되고 또한 뒤로는 2클럽 이내에서 쳐야만 한다. 그런데 소위 배꼽 나오게 티를 꽂는 사람은 항상 습관처럼 그렇게 티를 꽂는다. 앞으로 몇 cm 나가봐야 무슨 의미가 있다고, 또한 거리가 안 맞는다고 규정에 벗어나게 티박스 뒤에서 샷을 하거나, 방향이 안 맞는다고 티박스를 벗어나서 샷을 하는 경우도 허다하다. 그걸 왜 못 고치는지 모르겠다.

⑤ 티샷 시간

미국 선수 중 케빈나 크리스티 커는 슬로우 플레이어로 악명이 높다. 슬로우 골퍼들은 본인이야 상관없지만 일행들에게 피해를 줄 뿐 아니라 지연 플레이로 인해 7분 간격인 우리나라 골프장에서 전체 플레이의 지체 현상까지 초래할 수 있다. 골퍼들의 샷 시간은 첫 플레이어는 50초, 나머지 플레이어는 약 40초 내에 샷을 마쳐야 한다. 문제는 슬로우 플레이어는 본인들이 정작 모른다는 게 문제다. 시간 날 때 꼭 자기 샷 시간을 측정해보기를 권한다. 그리고 40초 이상 시에는 필히 개선하길 바란다. 장고 끝에 악수 둔다고 장고한다고 절대 굿샷이 나올 수 없음을 명심하길 바란다.

⑥ 준비 안 된 골퍼

본인 순서가 오기 전에 골퍼들은 골프채, 장갑, 티, 볼 등을 준비하고 있어야 한다. 그런데 본인 순서가 되서야 이런 것들을 준비하는 골퍼들이 많다. 또한 플레이 전에 캐디들은 대략 공략지점, 거리 등을 설명해 준다. 그런데 준비가 안 된 플레이어들은 꼭 캐디에게 다시 물어본다. 특별한 경우가 아니면 그냥 중앙을 보고 치면 된다. 물어본다고 그 방향으로 샷을 할 수 있는 것도 아닌데 말이다. 아마추어는 본 대로 가는 것도 아니고, 친 대로 가는 것도 아니고, 걱정한 대로 가니 말이다.

⑦ 멀리건

드라이버 또는 세컨샷을 잘못 치면 본인 스스로 멀리건을 받는 골퍼가 부지기수다. 2번 친다는 것은 사실 있을 수도 없는 일이다. 하다못해 동네 축구에서 킥을 잘못했다고 해서 "야 나 다시 찰께"라고 하지 않는다. 아무리 골프에 심판이 없어도 그렇지….

다만 주말 골퍼인 경우에는 간만에 나온 운동이라 멀리건을 받을 수는 있지만, 이것은 동반자가 멀리건을 주는 것이지 본인이 주는 게 아니라는 것을 명심하기 바란다.

친선 게임이나 동반자 샷이 무너질 경우에는 진행에 무리가 없는 경우에 한해서는 동반자가 멀리건을 주는 것도 나쁘진 않다 하겠다.

골프도 엄연한 스포츠이다. 스포츠로 접근하는 골퍼가 있는가 하면, 오락이나 사행성 게임으로 접근하는 골퍼들도 많다. 또는 골프보단 파란 잔디가 더 좋아서 골프를 친다는 사람도 있다. 물론 나도 전자, 후자 모두 맞다고 생각한다. 그렇지만 그래도 이것은 스포츠임을 간과하지 않았으면 하는 바램이고, 멀리건을 받기 보다는 연습을 한 번 더해서 본인 실력 향상에 힘쓰길 바란다.

⑧ 전화 통화

티박스 뿐만 아니라 플레이 중 전화를 습관적으로 주고받는 사람들이 많다. 물론 중요한 전화일 수도 있겠지만, 들어보면 별것도 아닌 통화도 많은 것 같다. 하다못해 어떤 일행은 스팸 통화도 적극 받는 사람도 봤다. 급하지 않으면 운동 중이니 다시 통화하자고 하거나, 좀 떨어져서 작은 소리로 통화를 했으면 한다. 자기 순서가 와도, 모든 플레이어가 샷을 마쳐도 통화에 열중하는 플레이어들이 많은데 꼭 개선하길 바란다.

⑨ 담배

흡연자들은 카트 밖 떨어진 곳에서 흡연을 하고, 담배꽁초는 잔디밭에 제발 버리지 않길 바란다.

⑩ 레슨

필드에 나가보면 꼭 레슨을 하는 골퍼들이 있다. 연습장에도 가보면 큰 소리로 잘난듯이 레슨을 하는 사람들이 많은 것처럼…. 필드에서는 조용히 있는 것이 일행을 도와주는 것이라고 생각한다. 물론 본인이 레슨을 요구할 때를 제외하고는 말이다.

(2) 페어웨이 샷

① 디봇

플레이 전에 아마추어들은 일반적으로 디봇, 벙커 발자국에서는 옆으로 빼놓고 치자고 약속을 한다. 또는 큰 돈내기가 아니면 볼이 움푹 파인데 들어가거나, 수리지가 아니면서 잔디가 없는 진흙이나 맨땅일 경우, 내 볼을 확인하기 위해서 볼 하나 정도의 움직임은 묵언 합의로 진행하는 것도 나쁘지 않다고 생각한다. 그러나 룰대로 치자고 합의시나, 스트록 같은 내기에서는 가급적 노터치 상태에서 플레이함을 원칙으로 하는 게 좋을듯 싶다.

② 트러블 샷

드라이버가 잘못 가게 되면 언덕에 가거나 깊은 러프 또는 앞 나무에 가려서 샷이 어렵거나 불가한 경우가 생긴다. 그런데 당연한 듯이 언덕 볼을 주워서 페어웨이에 던져서 치는 골퍼가 있는가 하면, 앞에 나무가 가린다고 양해 없이 빼놓고 치는 골퍼들이 너무 많다.

우리들이 프로가 아니고 친목상 하는 운동에서는 그리고 소위 빼먹기 같은 게임에서는 일행의 허가 하에서는 어느 정도 빼놓고 쳐도 무방하다고 생각한다.

일행이 주지하지 못한 경우에는 일행들에게 볼 상태에 대해서 양해를 구하고 약간 옆으로 볼을 옮긴 후 샷을 할 수도 있겠다. 또는 정석대로 그냥 그 자리에서 옆으로 레이아웃 한 후에 플레이 하는 것도 나쁘진 않다. 가급적 레이아웃 하는 습관을 갖도록 하자. 나는 웬만하면 거의 그 자리에서 다 치려고 노력을 하는 편이다. 그래야 마음이 편하다.

그런데 스트록 게임을 하는 경우에는 그 자리에서 샷하는 것을 원칙으로 하는 게 맞다고 생각한다.

③ 캐디

운동 중에는 캐디의 역할이 무척 중요하다. 그래서 좋은 캐디를 만나는 것도 일종의 큰 복이다. 경력이 오래됐다고 라이나 거리를 잘 보는 것도 아니다. 어떤 캐디들은 볼을 찾는데 적극적이지도 않고, 채도 엉뚱하게 갖다 주고, 말도 퉁명스럽게 던지는 캐디들도 많다.

그래도 운동은 내가 하는 것이니 캐디의 말은 참고만 하는 게 좋다. 캐디에게 반말을 하거나 호칭시 "캐디"라고 부르는 것 보다는 가급적 이름을 불러주면 좋을 것 같다. 나는 무조건 이름을 물어보고 ㅇㅇㅇ씨라고 호칭한다. 그리고 골프채를 캐디들이 갖다 줄 경우에는 자기볼과 카트사이 중간까지 가서 채를 받아 오는 습관을 꼭 갖길 바란다. 캐디들이 4명의 채를 들고 왔다갔다 하기는 쉽지 않을 것이다. 카트와 볼이 가까우면 가급적 본인이 거리 측정 후 비슷한 거리의 채를 2개 정도 챙겨서 가길 바란다. 왜냐하면 볼 앞에 가서 거리가 안 맞는다고 다시 캐디를 불러 다른 채를 갖고 오라고 하기 전에 꼭 2개 정도 채를 준비해서 가길 바란다.

볼도 2개 정도는 준비해서 다니길 바란다. 아마추어들은 언제 해저드나 오비가 날 줄 모르니 항상 예비 볼을 준비해서 운동하길 바란다.

④ **페널티 구역**

오비나 해저드라는 용어가 이제는 '페널티 구역'으로 호칭이 변경되었다고 한다. 오비 시에는 1벌타 받고 티 그라운드에서 다시 치던가, 오비 티에서 2벌타 받고 샷을 하면 된다.

■ 해저드 구역

1. 좌우 산 쪽으로 들어간 경우

이 경우에는 나간 선상에서 1벌타 후 볼을 놓고 샷을 하면 된다. 그런데 여기서 생기는 문제점은 본인의 드라이브 거리나 또는 세컨드 샷 헤저드 시 나간 지점보다 너무 앞에 놓고 치는 플레이어들이 많다는 것이다. 속이 상하니 바로 그 지점이 아니고 어느 정도 앞에 놓고 샷 하는 건 인정하지만 대놓고 앞에 가서 샷 하는 사람들이 많다. 예를 들어 전장이 길어 2온이 힘든 파4홀에서 잘 친 사람이나 패널티 구역에 빠진 사람이나 다 같이 3번째 그린에 온 시키는 경우를 많이 봤다. 그만큼 해저드시 샷 위치를 너무 앞으로 가서 샷을 한다는 것이다. 그렇게 되면 페널티 구역에 간 사람이나 드라이버를 잘 친 사람이나 차이가 없다는 것이다. 어느 정도 합리적 거리에서 샷을 하길 바란다.

2. 티 그라운 앞에 있는 호수에 빠진 경우

소위 워터 해저드 즉 워터 페널티 구역에는 '노란 말뚝'과 '빨간 말뚝'이 있다. 노란 말뚝 워터에 빠진 경우는 볼이 물에 다이렉트로 들어가거나, 물을 건너서 둔턱에 맞고 물에 들어가도 물을 건너서 샷을 할 수 없다. 물 뒤에서 홀컵과 티 박스 일직선 후방에서 1벌타 후 샷을 할 수 있다. 빨간 말뚝은 일반적으로 노란 말뚝과 규정이 동일하나, 볼이 물을 건너서 둔턱에 맞고 물에 들어간 경우에는 물을 건너가서 떨어진 둔턱 지점에서 2클럽 이내 홀과 가깝지 않은 곳에 볼을 드롭하여 1벌타 후 샷을 할 수 있다. 규정이 그렇다는 것이다.
물론 아마추어야 일반적으로 물에 빠질 경우에는 물을 건너가서 샷 하는 게 상례화 되어 있다. 그래도 규정을 알아두는 게 좋을듯 싶다. 그리고 내가 샷 한 볼을 찾는 것도 3분 이내로 끝내는 습관을 갖도록 해야 한다. 내기 골프라고 볼을 찾는데 무한시간을 낭비하면 동반자나 골프장에 피해를 초래하니 그런 일이 없도록 해야 하겠다.

3. 그물망

볼이 밖으로 나갈 경우 위험한 지역은 망을 해 놓은 경우가 많다. 망에 맞고 떨어지면 로컬 룰에 의해서 그 자리에서 샷 하는 것이 일반적이다.

그런데 망 앞에 페널티 말뚝이 있으면, 볼이 망을 맞고 페널티 구역 안쪽으로 들어왔다고 해도 페널티 벌타가 부여 될 수도 있다. 이것은 로컬 룰에 기초한다.

4. 벙커 샷

벙커 샷의 경우 어드레스하다 클럽이 모래에 닿을 경우나 스윙 연습시 모래에 닿게 되면 2벌타지만, 발자국에 들어갈 경우는 원칙적으로 그대로 샷을 해야 하나, 일행과 합의 시는 잘 고른 다음 샷을 해도 무방하다. 에그 플라이시도 그냥 치던 가 또는 일행들과 합의하여 볼 위치를 변경하여 샷을 할 수도 있다. 벙커 고무래에 걸려 둔턱에 볼이 있을 경우, 고무래를 치우니 볼이 벙커에 들어갔다. 이 경우에는 볼을 집어서 원 위치 후 샷을 할 수 있다. 벙커 탈출이 불가할 때는 2벌타 후 볼을 들고 벙커 밖 뒤에서 샷이 가능하다. 벙커 샷 이후에는 필히 벙커를 정리하고, 고무래는 벙커 밖 옆에 위치시키는 습관을 가져야 할 것이다.

5. 남의 볼을 친 경우(오구 플레이)

남의 볼을 친 경우도 종종 발생되는데, 이때는 2벌타 후 본인 볼을 찾아서 다시 샷을 해야 한다. 만약 그 사실을 모르고, 다음 홀로 넘어가서 티 샷을 할 경우에는 실격이다. 프로 윤이나 선수는 알고도 오구 플레이를 한 후에 실격 및 선수 자격 정지라는 중징계를 받았다. 예전에 스트록 게임을 하는데 상대가 오구 플레이 후 벌타도 안 받고, 미안한 감정도 없이 당연시 하는 황당한 일도 있었다. 항상 얘기 하지만 우리는 아마추어이고 즐기기 위해서 나왔으니 이런 것까지 규정대로 칠 필요는 없겠지만, 규정을 알고 치는 것과 모르는 것은 많은 차이가 있다. 그렇지만 스트록에서는 규정대로 해야 되지 않나 싶다.

6. 헛스윙 시

골퍼들은 샷을 하기 전에 스윙 연습을 하게 된다. 그리고는 어드레스 후에 스윙을 했는데 볼이 안 맞을 경우가 있다. 그러면 1벌타 후 다시 샷을 해야 한다. 그런데 예전에 동반자가 분명 헛스윙을 해서 말을 했더니 끝까지 아니란다. 여럿이 봤는데도 말이다. 헛스윙은 보면 다 알게 되어 있는 것을 끝까지 우긴다. 그냥 "미안하다"고 하면 끝날 일을.

3. 그린

그린 플레이도 정말 중요하다. 일단 그린에 볼이 올라오면 볼마크를 해주길 바란다. 볼마크시 볼 뒤에다 마크를 해야 하는데 어떤 경우는 볼을 들면서 마크를 앞으로 놓거나, 심지어 볼 앞에 마크를 하는 사람들도 있다. 어떤 플레이는 캐디가 마크할 때까지 기다리는데 캐디가 그런 것까지 해줄 필요가 있을까 싶다. 여유가 되면 그린에 떨어질 때 발생된 볼 자국을 수리해주면 금상첨화겠지만 사실 아마추어이고 시간에 쫓기다 보면 그럴만한 여유가 잘 나지는 않는다. 그리고 상대방의 퍼팅 라이를 밟지 말아야 하는데, 자기 라이 본다고 상대방 라이를 자근자근 밟고 다니는 골퍼가 대다수이다. 거의 50%는 남의 라이에 신경을 안 쓴다. 모르는 건지 일부러 그러는 건지는 잘 모르겠다.

퍼터는 먼 순서대로 해야 된다. 그런데 자기 라이 본다고 더 가까운 사람에게 먼저 하라고 한다거나, 퍼터시 반대편에서 자기 라이 본다고 주시하는 골퍼들도 많다. 또 캐디가 볼을 닦아주고 라이까지 봐서 볼을 놓아야만 그때서야 퍼팅하는 골퍼들도 부지기수고….

라이도 본인이 보고 볼도 본인이 직접 놓는 습관을 들이길 바란다. 단 애매하면 캐디 말을 참조하고, 결정은 본인이 하도록 해야 한다는 것이다. 본인이 잘

못 쳐놓고 캐디 탓하지 말고…. 그리고 캐디들이 제일 어려워하는 일 중에 하나가 그린에서 앉았다 일어났다를 반복하면서 관절에 많은 손상을 입는다고 하니, 플레이어들은 직접 볼을 놓는 습관을 갖길 바란다. 안 들어가도 그건 내 탓이다.

그린에 컨시드 라인이 있는 골프장에선 큰 문제가 없지만 그렇지 않은 경우에는 분명 상대방 에게 컨시드를 받은 후에 볼을 집어야 한다. 그런데 퍼팅 후 컨시드도 받지 않고 본인이 그냥 볼을 들고 오는 경우도 많이 있다. 특히 마지막 퍼팅자가 퍼팅시 내리막 라이를 타고 내려가면 한 번 더 퍼팅을 하는 게 아니라, 본인이 스스로 오케이를 주고 볼을 줍는 경우는 정말 많다.

그리고 컨시드 길이를 퍼터 길이로 하자고 약속을 한 후에, 컨시드 거리가 애매하면 퍼터를 대보는 경우가 있다. 이럴 때 퍼터를 홀 속에 넣고 컨시드를 받기 위해 볼쪽으로 강하게 당기는데, 그렇게 되면 홀컵 잔디가 상하게 되고, 다음 플레이어한테 방해가 될 수 있으니, 제발 그런 행동은 삼가고 홀 밖에서 거리를 재보길 바란다.

또한 2그린을 사용하는 골프장이 많다. 그린을 보호하기 위해서 그린을 돌아가면서 사용을 하는 것이다. 휴식기에 들어가는 그린은 지나다니면서 절대로 밟지 말고 돌아가길 부탁한다. 또한 그린에서 퍼팅시 남의 볼을 맞추면 2벌 타다. 그리고 맞은 볼은 다시 원 위치를 시켜야 한다. 만약 그린 밖에서 그린 위 볼을 맞추게 되면 무벌타로 맞은 볼만 원 위치를 시키면 된다.

파3의 경우 웨이브를 받은 후에 티샷을 하고 그린으로 이동을 하게 되는 경우가 있다.(골프장이 지체될 경우 파3에서는 웨이브를 받고, 다음 팀이 샷 하는 경우가 종종 있다)

그린에 도착하면 앞 팀이 퍼팅을 하게 되는데 이때는 비록 내가 샷 한 볼이 바로 앞 그린에 있다고 해도 앞 팀이 끝날 때까지 그린에 들어가는 것을 삼가하길 바란다. 또한 대기하면서 일행과 떠들고 크게 웃는 행위는 하지 않기를 바란다.

그린 플레이 시는 마지막 주자의 퍼팅이 끝날 때까지 기다렸다 다음 홀로 이동하길 바란다. 예전에 내가 마지막 퍼팅 주자였는데, 버디를 하고 돌아보니, 일행들이 모두 가버린 경우가 있었다. 어찌나 황당하던지…. 물론 나도 그런 실수는 자주 하지만….

마지막으로 퍼팅시 본인의 그림자가 길게 드리워서 퍼팅 라인을 가리는 경우가 있다. 계절에 따라서 특히 늦은 여름부터는 그런 현상이 심하게 두드러지는데, 그럴 땐 급히 그 자리를 피해 주어야 한다. 그래서 퍼팅에 방해가 안되게 해야 함을 주지하기 바란다.

4. 샤워실

골프장 내 샤워실을 이용하다 보면 이해가 안가는 것들이 눈에 띄곤 한다.

내가 과민한 건지 잘 모르겠지만, 우선 락커에서 샤워실로 갈 때 일반적으로 속옷 차림으로 가고 오는 게 일상적인데, 일부 사람들은 완전 나체로 가거나, 샤워 후 완전 나체로 락커에 오는 경우를 종종 본다. 뭐가 그리 자신이 있는지. 물론 탕에서는 다 벗지만, 어차피 벗을 거 미리 벗겠다는 건지…. 아무튼 보기가 좋지는 않다.

둘째는 샤워 후다. 수건으로 몸을 닦고 헤어 드라이기로 머리를 말리는 게 상식 아닌가? 그래서 이름이 헤어드라이기 아닌가? 그런데 일부 사람들이 드라이기를 발가락 사이사이에 대고 사용하거나 항문, 겨드랑이, 심지어 다리 벌리고 항문 사이 가랑이에 대고 드라이기를 사용한다. 그냥 수건과 선풍기로도 충분히 건조가 될 텐데 온몸 구석구석에 드라이기를 갖다 댄다. 이런 모습을 볼 때마다 정말 이해가 안 간다.

5. 골프 초대를 받을 경우

골프 초대를 받을 경우에는 초대자가 골프장 회원이든 그렇지 않든 초대자에게 많은 배려를 해주었으면 한다. 골프장 부킹하고, 인원 구성하고(생각보다 4명 조인하기가 쉽지 않음), 초대자가 골프장 회원인 경우에는 그린피도 절감할 수 있으니(초대한 사람이 개인회원이라도 결재 시에는 공평하게 1/N 한다), 초대받은 사람이 식사를 산다든가, 연령대가 같으면 카트 앞좌석을 양보한다거나, 덕분에 좋은 시간 갖게 됐다거나, 자주 좀 불러 달라든가 하면 초대자는 힘이 나는 법이다.

골프를 해보니 아마추어 실력은 대부분 거기서 거기다. 물론 어느 정도 수준 차이가 있기는 하겠지만, 그것도 그날의 컨디션에 따라 점수 차가 천양지차다. 또한 아마추어들은 조금만 노력하면 그 차이는 충분히 뒤집을 수 있는 정도라 생각한다. 다만 골프를 할 때 전반적인 에티켓, 상대방에게 피해를 주지 않는 정직한 플레이가 우선 되어야 하지 않을까 싶다.

골프 좀 친다고 상대방을 비하하거나, 기본 에티켓과 룰을 무시하고 자기 편안대로 해석하면서, 상대가 실수 하면 멘탈이 약하다느니, 너는 나한테 안 된다느니, 그런 거 가지고 뭐 그러냐느니 하는 골퍼들은 배려의 정신을 배웠으면 한다.

골프는 참 예민하고 어려운 운동이다. 스트레스 풀려다 더 받을 수도 있다. 물론 점수에 관여하지 않고 난 그냥 즐기러 왔다는 것도 내 눈엔 그다지 바람직해 보이지는 않는다. 왜냐하면 잔디만 밟고 가기엔 그린피 및 부대비용이 너무 많이 비싸기 때문이다.

그거야 비단 골프만인가? 모든 스포츠, 사람관계, 사업 등 삶 자체가 어쩌면 긴장과 스트레스의 연속이라 할 수 있을 것이다. 그럼에도 불구하고 골프라는 운동은 분명 삶에 윤활유 역할을 하는 것은 분명한 것 같다.

골프도 이왕 발을 들여놓았으니 열심히 하고, 건강도 유지하면서 즐기고 싶다. 즐기고자 하는 운동에 너무 깐깐한 잣대를 들이 댔는지 모르겠다.

결론은 모든 룰을 엄격히 지키자는 의미보다는 우리가 즐기는 골프에 대한 최소한의 룰은 알고 가자는 의미가 더 크다. 그래야 동반자에게 피해주는 일이 없기 때문이다.

예로 우리가 친구들하고 당구, 탁구, 축구 등을 할 때에도 상대방이 성의 없게 하거나, 그냥 마지못해 하는 경우나, 또는 매너 없이 할 경우에는 앞으로 다시는 같이 운동하고 싶은 생각이 들지 않을 것이다. 실력보다는 상대방을 배려하고 최소한의 룰을 지켜가며 융통성 있고, 정직하고 즐거운 라운딩이 되길 바란다.